学生
宪法教育
丛书

宪法达人

初中宪法教育读本

丛书主编 刘云生　　　主　编 杨昌义

教育立法研究基地(教育部政策法规司–西南大学共建)组织编写

西南师范大学 出版社
国家一级出版社 全国百佳图书出版单位

教育立法研究基地（教育部政策法规司–西南大学共建）组织编写

丛书主编：刘云生

主　　编：杨昌义

副 主 编：钟儒成

编 写 者：伍裕玲　李祖秀　杨昌义　岳云雄　周秀远
　　　　　钟儒成　袁小梅　黄先进　彭廷学　程世均

宪法达人——初中宪法教育读本
XIANFA DAREN——CHUZHONG XIANFA JIAOYU DUBEN
教育立法研究基地（教育部政策法规司–西南大学共建）组织编写

责任编辑｜谭小军
责任校对｜路兰香
装帧设计｜闰 闰江文化
排　　版｜重庆大雅数码印刷有限公司·夏洁
出版发行｜西南师范大学出版社
地　　址｜重庆市北碚区天生路2号
邮　　编｜400715
经　　销｜全国新华书店
印　　刷｜重庆康豪彩印有限公司
幅面尺寸｜185mm×260mm
印　　张｜8.5
字　　数｜160千字
版　　次｜2019年6月 第1版　　印　　次｜2019年6月 第1次印刷
书　　号｜ISBN 978-7-5621-9753-9
定　　价｜26.00元

　　亲爱的同学们，你们是祖国的未来、民族的希望，学习宪法知识、弘扬宪法精神，对你们成长为社会主义建设者和接班人意义重大。当前，全国上下正在深入开展学宪法讲宪法活动，每一位同学都渴望成为能说、会讲、善辩、活用宪法的达人。《学生宪法教育》丛书就是在这样的背景下，由宪法学专家、教育专家和一线优秀教师共同编写的，为同学们在宪法教育中"学什么""怎么学""讲什么""怎么讲"提供指南、辅导和参考，帮助大家了解、学习与生活密切相关的宪法知识，增强宪法意识，自觉将个人成长与宪法原则、国家发展、社会进步联系起来，潜移默化地将宪法精神转化为情感认同和行为习惯。

★★★★★

　　该套丛书特色鲜明，专业性、时代性、趣味性、可读性强。小学版的"故事云"、初中版的"法治讲堂"、高中版的"精要导读"运用灵动的文字、鲜活的案例，以案例与论述相结合的方式带领同学们走进丰富多彩的宪法世界。小学版的"探讨园"、初中版的"指点迷津"、高中版的"释疑解惑"以主题讨论、案例释法的形式，启迪同学们开动脑筋，感悟宪法精神。小学版的"信息库"、初中版的"法治广角"、高中版的"拓展延伸"将宪法教育从书本延伸至实践、从教室拓展到社会，为同学们打开了一扇宪法学习之窗，帮同学们积淀丰富的宪法素养。小学版的"达人秀"、初中版的"达人舞台"、高中版的"达人秀场"既是反馈学习效果的平台，更是同学们一展身手的舞台。

★★★★★

因此，希望同学们在该套丛书的学习中，一要仔细阅读，勤于思考，要在老师的指导下反复学习、揣摩领会每课的主体内容、关键知识点，细心体会课文中所引用的典型案例和生动资料；二要学以致用，积极参与互动活动，踊跃参加探讨、辨析、实践活动。在讨论辩论时畅所欲言，在讲故事论道理时学用结合，在演讲表演时大胆主动，真正做到和宪法交朋友。

★★★★★

亲爱的同学们，希望你们通过该套丛书的学习，做好参加从学校到全国各个层级的学宪法讲宪法活动的准备，并在活动中大显身手，在学习生活中做到接近宪法、走近宪法、贴近宪法、亲近宪法，做社会主义法治的忠实崇尚者、自觉遵守者、坚定捍卫者，成为真正的宪法达人！

目录

CONTENTS

第四专题　国家机构

第五专题　国家标志

第一专题　宪法基础知识

第一课　法与宪法

> 一切法律中最重要的法律，既不是刻在大理石上，也不是刻在铜表上，而是铭刻在公民的内心里。
>
> ——卢梭
>
> 要防止滥用权力，就必须以权力约束权力。
>
> ——孟德斯鸠

法治讲堂

一、法的由来及特征

法是体现国家意志，以权利义务为主要内容的，具有普遍的约束力和国家强制性的社会行为规范。

法律的产生经历了一个由习惯到习惯法，再发展成为制定法的过程。原始习惯的存在，为法律的形成提供了最初的规范性基础；随后，国家通过认可的方式，将有利于统治阶级利益和社会生活的维系与发展的习惯转化为受国家强制力保障实施的法律，习惯法由此产生；随着社会生活的日益复杂，仅仅靠根据既有规范转化而来的习惯法已经不能满足社会对规范的需求，国家顺应这一局势，有针对性地制定新的规范，这些新的规范就是制定法。制定法的出现，是人类调控能力发展到新阶段的产物和证明。

法作为一种社会规范,是由一系列具体的法律规范构成的,概括地说,法具有以下几个方面的特征:法的国家意志性、法的普遍约束力、法的国家强制性、法的明确公开性以及法的权利义务性。

二、法治及法治国家

法治是与人治相对立的治国理念,是指遵循现实生活中的社会规则——法律,以协调社会关系、维护社会秩序。1999年第九届全国人大第二次会议通过的宪法修正案规定:"中华人民共和国实行依法治国,建设社会主义法治国家。"

法治国家要求任何机构、组织及个人都要遵守法律,都要在法律之下从事各项工作和活动,尤其是要很好地保障人权,司法机关司法公正,行政机关依法行政。建立法治国家的内容极为广泛,包括立法、守法、执法、司法和法律监督等各个环节和过程,并且要把依法办事的原则贯彻到社会生活、政治生活、经济生活的各个方面。为了达到建立法治国家的最终目标,必须实行依法治国的基本方略。

三、宪法是国家的根本法

"宪"和"宪法",在我国的古代典籍中可经常看到。比如,《尚书·说命下》有"监于先王成宪,其永无愆";《国语·晋语》有"赏善罚奸,国之宪法";《汉书·萧望之传》中也提到,"作宪垂法,为无穷之规"。在我国古代典籍中,"宪"或"宪法",都是指典章、制度等行为规范,含有刑法的意思,因此都属于普通法律,而不是近代意义上的宪法。

国外"宪法"一词最早来源于拉丁文 Constitutio,原意是组织、建立、构造的意思,古罗马用它来表示皇帝所颁发的"敕令""诏令""谕旨"等,以区别于其他法律文件。19世纪60年代以后,随着西方立宪政治影响的扩大,在一些国家出现了近代意义的宪法概念,并逐渐使"宪法"一词成为正式法律用语,用以指根本法意义上的宪法。1908年,清政府迫于压力颁布《钦定宪法大纲》,"宪法"一词开始在中国成为国家根本法的专用词。

近代意义的宪法,专指那些规定国家机关权限、组织及其相互关系以及确认公民权利、自由的国家根本法。

2017年10月18日至10月24日,中国共产党第十九次全国代表大会在北京召开。习近平总书记在十九大报告中指出,"必须把党的领导贯彻落实到依法治国全过程和各方面,坚定不移走中国特色社会主义法治道路,完善以宪法为核心的中国特色社会主义法律体系,建设中国特色社会主义法治体系,建设社会主义法治国家"。

➡ 指点迷津

宪法和一般的法律、法规有哪些不同?

1. 内容不同。宪法是国家的根本法,它确立了国家的根本制度。一般的法律、法规是根据宪法制定的具体制度和规范。

2. 效力不同。我国现行宪法第五条第三款规定:"一切法律、行政法规和地方性法规都不得同宪法相抵触。"宪法具有最高的法律效力。一般的法律、法规必须基于宪法而产生,其内容应当符合宪法的要求。

3. 修改的程序不同。我国修改宪法的权力由全国人民代表大会来行使,其他任何国家机关或者个人都无权修改宪法。我国现行宪法第六十四条第一款规定:"宪法的修改,由全国人民代表大会常务委员会或者五分之一以上的全国人民代表大会代表提议,并由全国人民代表大会以全体代表的三分之二以上的多数通过。"一般的法律、法规的修改,由专门的立法机关或者由具有立法职权的国家机关执行。

◉ 法治广角

神兽裁判——"法"字的产生

"法"的繁体字"灋"(fǎ)中有"廌"(zhì)。"廌"有三名:一曰獬豸(xiè zhì);二曰独角兽;三曰神羊。

獬豸是我国古代神话传说中一种能辨曲直的神兽。汉代学者杨孚在《异物志》中

记载:性别曲直。见人斗,触不直者。闻人争,咋(zé,咬、啃的意思)不正者。

东汉思想家王充在《论衡》中记载了"中国司法鼻祖"——皋陶用獬豸治狱的传说:獬豸"一角之羊也,性知罪。皋陶治狱,其罪疑者,令羊触之,有罪则触,无罪则不触。故皋陶敬羊。"皋陶决狱明白,执法公正。遇到曲直难断的情况,便放出独角神羊,依据獬豸是否顶触来判定其是否有罪。

后来,出于书写方便的需要,"廌"字从"灋"字中被隐去,"灋"简化为"法"。

神兽裁判是生产文化落后的古代社会运用宗教迷信开展的司法活动。它给诉讼裁判披上了神明的外衣。

赵氏孤儿

晋国大臣屠岸贾发动宫廷政变,谋害另一重臣赵盾,"将赵盾三百口满门良贱,诛尽杀绝"。赵盾子赵朔身为驸马,被逼自杀,临死前嘱咐有孕在身的公主:若是你添个女儿,更无话说;若添个男孩,待他长大成人,为赵家雪冤报仇。公主果然生下一子(取名赵武,后称赵氏孤儿)。屠岸贾得知,图谋"斩草除根"。幸得赵盾门人程婴偷偷将赵氏孤儿带出宫,隐藏起来。屠岸贾得知,要将国内半岁之下一月之上的婴儿杀尽。程婴同赵盾的旧友——昔日宰相公孙杵白商议保护赵氏孤儿。程婴以自己刚出生的儿子伪作赵氏孤儿,交由公孙杵白照看,然后向屠岸贾告密。程婴之子和公孙柞白因此身亡。真正的赵氏孤儿被屠岸贾收为养子,与程婴一起安全地活了下来。20年后,赵氏孤儿长大成人,程婴痛诉往事,向赵氏孤儿说明了真相。赵氏孤儿决意报仇,最后杀了屠岸贾全家。赵氏家族恢复了其原先的社会地位。

通过这个故事我们可以看到,在没有统一且强有力的公权力维持社会和平和秩序的历史条件下,复仇实际上变成了这种社会中维系和平的根本制度。人们不仅在报复本能推动下自发地复仇,而且,为了保证社会内部的和平和秩序,必须强化这种复仇制度。这个故事充分暴露了复仇制度的残酷性、无节制性。

达人舞台

一、单项选择题

1.法作为一种社会规范,是由一系列具体的(　　)构成的。

A.法律规范　　　　B.道德规范　　　　C.社会制度　　　　D.行为规范

2.宪法确定的内容是(　　)。

A.国家的法律制度　　　　　　　　B.国家的经济制度

C.国家的重要任务　　　　　　　　D.国家的根本制度

3.建立法治国家必须坚持的一个原则是(　　)。

A.民主集中制原则　　　　　　　　B.司法独立原则

C.依法办事的原则　　　　　　　　D.共同富裕原则

4.我国的一切国家机关都必须以宪法为根本的活动准则,不应当(　　)。

A.制定和修改宪法　　　　　　　　B.制定具体的法律法规

C.维护法律的权威　　　　　　　　D.侵犯公民的合法权益

5.宪法以(　　)的形式确认了中国各族人民奋斗的成果,规定了国家的根本制度和根本任务,是国家的根本法,具有最高的法律效力。

A.文件　　　　　B.法律　　　　　C.序言　　　　　D.决议

二、判断题(请在正确题目后的括号内打"√",错误题目后的括号内打"×")

1.一切国家机关和武装力量、各政党和各社会团体、各企业事业组织都必须遵守宪法和法律。(　　)

2.古罗马就制定了作为国家根本法的宪法。(　　)

3.宪法具有最高法律效力,任何组织或个人都不得有超越宪法和法律的特权。(　　)

三、辨析与实践

请联系生活实际,分析说明法律对于保障社会和平安宁有哪些重要作用。

第二课　我国宪法的历史演进

本宪法以法律的形式确认了中国各族人民奋斗的成果,规定了国家的根本制度和根本任务,是国家的根本法,具有最高的法律效力。

——《中华人民共和国宪法》序言(节选)

制宪者已逝,但宪法长存。

——弗里德里希·道格拉斯

法治讲堂

中华人民共和国成立后,共颁布实施了一个宪法性质的文件和四部正式宪法(包括若干宪法修正案),即《中国人民政治协商会议共同纲领》(简称《共同纲领》)、"五四宪法""七五宪法""七八宪法""八二宪法"。

一、早期的临时宪法:《中国人民政治协商会议共同纲领》

1949年9月21日至30日,中国人民政治协商会议第一届全体会议在北平(今北京)召开。参加这次会议的组成单位45个,代表510人,候补代表77人,特邀人士75人,共662人,包括了中国共产党和全中国所有的民主党派、人民团体、人民解放军、各地区、各民族、国外华侨、其他爱国民主分子的代表,体现了广泛的代表性。因此,中国人民政治协商会议宣布自己来执行全国人民代表大会的职权。这次会议于1949年9月29日通过了《共同纲领》,它规定了我国人民民主专政的国体、人民代表大会制度的政体等国家的重要制度。

在中华人民共和国成立初期,《共同纲领》为治理国家提供了宪法依据,但由于中国人民政治协商会议的代表不是选举产生的,所以由其制定的《共同纲领》只是一个具有宪法性质的文件,还不能说就是宪法。刘少奇在1954年宪法草案的报告中说:《共同纲领》"起了临时宪法的作用"。

二、我国第一部宪法："五四宪法"

1954年9月20日，第一届全国人民代表大会第一次会议通过了中华人民共和国第一部宪法，即"五四宪法"。"五四宪法"是在《共同纲领》的基础上产生、发展和完善起来的。除序言外，包括总纲，国家机构，公民的基本权利和义务，国旗、国徽、首都等4章106条。

"五四宪法"确认了生产资料的社会主义公有制，确认了人民民主专政等重要制度，同时它"保护资本家的生产资料所有权和其他资本所有权"，规定了民族资产阶级还是人民的一部分并依法享有政治权利等。"五四宪法"是一部社会主义类型的宪法，但还不是完全社会主义的宪法，它只是一部过渡时期的宪法。

三、"七五宪法""七八宪法"和"八二宪法"

1975年1月17日，第四届全国人民代表大会第一次会议通过了中华人民共和国第二部宪法，即"七五宪法"。全面修改后的宪法只有4章30条。

这部宪法有严重的缺陷和问题。比如，它肯定了无产阶级专政下继续革命的理论和实践，用"文化大革命"中通过夺权建立的革命委员会代替地方各级人民委员会等。总体来说，"七五宪法"与"五四宪法"相比，在内容和形式上都是一次倒退。

1978年3月5日，第五届全国人民代表大会第一次会议通过了中华人民共和国第三部宪法，即"七八宪法"。这部宪法，除序言外，分总纲，国家机构，公民的基本权利和义务，国旗、国徽、首都，共4章60条。

"七八宪法"继承了"五四宪法"的一些基本原则，在一定程度上纠正了"七五宪法"中反映"左"的指导思想的条款，但是在理论和政治上还存在许多是非不清的问题。

1982年12月4日，第五届全国人民代表大会第五次会议通过了"八二宪法"，即现行宪法。截至2018年3月，全国人民代表大会共通过了五个"八二宪法"的修正案。我国宪法经过六十多年的发展，在曲折中逐渐走向完善和成熟。

指点迷津

宪法的修改建议由谁提出？

自我国第一部宪法颁布以来,在国家政治生活实践中就形成了由党中央提出宪法修改建议的宪法惯例。在我国,宪法惯例作为一种特殊的法律现象,是不成文的宪法形式,是对宪法的补充。按照宪法规定,宪法修改的提议则由全国人民代表大会常务委员会或者五分之一以上的全国人民代表大会代表提出。

在我国之所以形成党中央提出宪法修改建议的宪法惯例,是由党的性质、地位和宪法的发展规律决定的。首先,中国共产党需要依宪执政、依宪治国。其次,我们党全心全意为人民服务的宗旨与宪法保障全体人民根本利益的原则具有一致性。最后,宪法的诞生和发展需要国内成熟的政治力量去推动。中国共产党作为执政党,是一个不断与时俱进、勇于自我革新的政党。

法治广角

《中华苏维埃共和国宪法大纲》

王祖强

1931年11月5日,中共临时中央给苏区中央局发出第七号电报,着重电告了由共产国际远东局和中央政治局拟定的《关于宪法原则要点》,提出了17条原则要点。苏区中央局收到中央电报后,组织了由毛泽东、任弼时、王稼祥等组成的宪法大纲起草委员会,这是中国共产党历史上第一个宪法起草委员会。根据中央来电原则,宪法大纲起草委员会于11月11日制定完成《中华苏维埃共和国宪法大纲》。

1931年11月,中华工农兵苏维埃第一次全国代表大会听取并讨论通过了《中华苏维埃共和国宪法大纲》等文件。《中华苏维埃共和国宪法大纲》的前言指出:"中华苏维埃第一次全国代表大会谨向全世界与全中国的劳动群众,宣布它要在全中国所实现的基本任务,即中华苏维埃共和国的宪法大纲。"《中华苏维埃共和国宪法大纲》是人民宪法的雏形,是中国共产党领导制定的最早的一部人民宪法。

——节选自《〈中华人民共和国宪法〉溯源——回望中国共产党人弘扬宪法精神的探索与实践》,《浙江档案》2014年第12期

达人舞台

一、单项选择题

1.我国现行宪法是由第五届全国人民代表大会第五次会议于(　　)年通过的。

A.1954　　　　　　B.1975　　　　　　C.1978　　　　　　D.1982

2."五四宪法"确认了生产资料的社会主义公有制,确认了人民民主专政等重要制度,但"五四宪法"只是(　　)。

A.具有宪法性质的文件　　　　　　B.过渡的临时宪法

C.完全社会主义类型的宪法　　　　D.过渡时期的宪法

3.中国历史上第一部宪法性文件是(　　)。

A.《天坛宪法草案》　B.《钦定宪法大纲》　C.《中华民国约法》　D.《中华民国宪法》

4.1931年制定的《中华苏维埃共和国宪法大纲》是人民宪法的雏形,是(　　)。

A.社会主义性质的宪法　　　　　　B.新中国制定的第一部宪法

C.中国历史上第一部宪法性文件　　D.中国共产党领导制定的最早的人民宪法

二、判断题(请在正确题目后的括号内打"√",错误题目后的括号内打"×")

1.中国人民政治协商会议类似于西方国家的议会,是行使立法权的国家机关。(　　)

2.《共同纲领》是中华人民共和国成立初期起临时宪法作用的一部宪法性文件。(　　)

3.宪法修改的提议由党中央提出。(　　)

4.《中华苏维埃共和国宪法大纲》是人民宪法的雏形。(　　)

5.党全心全意为人民服务的宗旨与宪法保障全体人民根本利益的原则具有一致性。

(　　)

三、辨析与实践

简要分析我国宪法演进的历史原因。

第三课　我国宪法的修改与国家发展

　　宪法的修改,由全国人民代表大会常务委员会或者五分之一以上的全国人民代表大会代表提议,并由全国人民代表大会以全体代表的三分之二以上的多数通过。

——《中华人民共和国宪法》第六十四条第一款

法治讲堂

我国现行宪法的五次修改

　　我国现行宪法是1982年制定的。这部宪法从颁布以来共通过了五个宪法修正案,进行了五次重大修改。

　　1988年4月12日第七届全国人民代表大会第一次会议通过了《中华人民共和国宪法修正案》,对现行宪法进行了第一次修改。修改的主要内容是:(1)第十一条增加规定"国家允许私营经济在法律规定的范围内存在和发展"的内容。(2)第十条第四款修改为"任何组织或者个人不得侵占、买卖或者以其他形式非法转让土地。土地的使用权可以依照法律的规定转让。"

　　1993年3月29日第八届全国人民代表大会第一次会议通过了《中华人民共和国宪法修正案》,对现行宪法进行了第二次修改。修改的主要内容是:(1)在序言部分,增加了"我国正处于社会主义初级阶段""建设有中国特色社会主义理论""坚持改革开放"等内容。(2)在经济制度的规定方面,确认了"农村中的家庭联产承包为主的责任制"作为集体经济的一种形式的法律地位,规定"国家实行社会主义市场经济;加强经济立法、完善宏观调控",删去了"计划经济"等提法,将宪法有关条文中的"国营经济""国营企业"修改为"国有经济""国有企业"。(3)在国家机构部分,将县级人民代表大会的任期由三年改为五年。

　　1999年3月15日第九届全国人民代表大会第二次会议通过了《中华人民共和国宪法修正案》,对现行宪法进行了第三次修改。修改的主要内容是:(1)将"邓小平理论"的内容写进宪法序言。(2)增加规定"中华人民共和国实行依法治国,建设社会主义法治国家"的内容。(3)明确了"中国将长期处于社会主义初级阶段",同时规定"国家在社会主义初级阶段,坚持公有制为主体、多种所有制经济共同发展的基本经济制度,坚持按劳分配为主体、多种分配方式并存的分配制度"。(4)修改了我国的农村生产经营制度,规定"农村集体经济组织实行家庭承包经营为基础、统分结合的双层经营体制"。(5)增加规定"发展社会主义市场经济"的内容;确立了非公有制经济在社会主义市场经济中的地位。(6)将镇压"反革命的活动",修改为镇压"危害国家安全的犯罪活动"。

　　2004年3月14日第十届全国人民代表大会第二次会议通过了《中华人民共和国宪法修正案》,对现行宪法进行了第四次修改。修改的主要内容是:(1)将"三个代表"重要思想写入宪法,增加规定"推动物质文明、政治文明和精神文明协调发展"的内容。(2)在序言关于爱国统一战线的组成表述中增加"社会主义事业的建设者"的内容;(3)将国家对非公有制经济的规定修改为"国家保护个体经济、私营经济等非公有制经济的合法的权利和利益。国家鼓励、支持和引导非公有制经济的发展,并对非公有制经济依法实行监督和管理"。(4)将国家的土地征用制度修改为"国家为了公共利益的需要,可以依照法律规定对土地实行征收或者征用并给予补偿"。(5)将"公民的合法的私有财产不受侵犯"写入宪法。(6)增加规定"国家建立健全同经济发展水平相适应的社会保障制度"的内容。(7)增加规定"国家尊重和保障人权"的内容。(8)增加关于国歌的规定,规定"中华人民共和国国歌是《义勇军进行曲》"。(9)将乡镇人民代表大会的任期由三年改为五年。

　　2018年3月11日第十三届全国人民代表大会第一次会议通过了《中华人民共和国宪法修正案》,对现行宪法进行了第五次修改,修改的主要内容是:(1)确立了科学发展观、习近平新时代中国特色社会主义思想在国家政治和社会生活中的指导地

位。(2)调整充实中国特色社会主义事业总体布局和第二个百年奋斗目标的内容。(3)完善依法治国和宪法实施举措。(4)充实完善我国革命和建设发展历程的内容。(5)充实完善爱国统一战线和民族关系的内容。(6)充实和平外交政策方面的内容。(7)充实坚持和加强中国共产党全面领导的内容。(8)增加倡导社会主义核心价值观的内容。(9)修改国家主席任职方面的有关规定。(10)增加设区的市的地方立法权方面的内容。(11)增加有关监察委员会的各项规定。(12)修改全国人大专门委员会的有关规定。

指点迷津

"八二宪法"的五次修改,对我国产生了哪些重大影响?

(1)改革:改革贯穿我国社会主义现代化建设整个过程,是推动社会主义现代化建设的活力源泉。将改革写入宪法,以国家根本法的形式确认其在推动我国经济、政治、社会生活各方面取得的进步。

(2)经济:在历次宪法修改中,"经济"这个词语多次出现。不论是对我国"基本经济制度"的修改,还是对"社会主义市场经济"的确认,对"个体、私营经济"的地位的肯定,都为深化经济体制改革和社会主义市场经济的确立提供了宪法保障,促进了我国经济又快又好地发展。

(3)法治:现行宪法规定"中华人民共和国实行依法治国,建设社会主义法治国家",这一规定把中国带入法治的新时代。随着中国进入新时代,一大批不适应社会发展的法律条文被修改,与社会发展相协调的一系列新法颁布,社会主义法律体系得以完善。

(4)人权:人权这个概念能够被写入宪法,意味着我国在公民权利的保障上、认识上提高了一个层次,进一步明确了我国是人民当家做主的国家,人民是国家的主人。

法治广角

努力把宪法实施和监督工作提高到新的水平

李飞

习近平总书记指出："宪法的生命在于实施，宪法的权威也在于实施。"在中国特色社会主义新时代，要深刻认识宪法在党和国家事业中的重大作用，切实弘扬宪法精神，增强宪法意识，加强宪法实施和监督，努力把宪法实施和监督工作提高到新的水平。

一、坚持和加强党的全面领导

党的领导是中国特色社会主义最本质的特征，是中国特色社会主义制度的最大优势，是社会主义法治最根本的保证。我国宪法在关于国家根本制度的条文中规定"中国共产党领导是中国特色社会主义最本质的特征"，确认了党在国家政权结构中总揽全局、协调各方的领导核心地位。加强宪法实施和监督，就是要落实宪法确立的"中国共产党领导是中国特色社会主义最本质的特征"这一重要原则，坚持党对一切工作的领导，坚定维护以习近平同志为核心的党中央权威和集中统一领导。

二、在宪法统领下推进全面依法治国

坚持依法治国首先是坚持依宪治国。实践充分证明，我国宪法以其至上的法制地位和强大的法制力量，有力保障了人民当家作主，有力促进了改革开放和社会主义现代化建设，有力维护了国家统一、民族团结、社会和谐稳定，是符合国情、符合实际、符合时代发展要求的好宪法，是我们国家和人民经受住各种困难和风险考验、始终沿着中国特色社会主义道路前进的根本法制保证。长期以来，党领导人民全面贯彻实施宪法，积极建设社会主义法治，取得历史性成就。

三、以更加完备的法律推动宪法实施

宪法是国家各项制度和法律法规的总依据，在中国特色社会主义法律体系

中,宪法居于核心地位,所有的法律都是依据宪法制定的,都是对宪法精神、原则和制度的具体化。在推动宪法实施方面,立法扮演着重要角色、发挥着重要作用。通过立法,宪法确立的国家重大制度、重大事项转化为具体法律制度,形成一系列行之有效、相互衔接和配合的法律规定,宪法的精神、原则和规定得以实现和具体化。通过立法和法律实施,宪法在国家事业和社会生活各方面得到全面实施。立法过程本身就是保证宪法实施的过程。

四、加强宪法监督,更加坚定维护宪法权威

宪法实施离不开宪法监督,宪法监督是保证宪法实施、维护宪法权威的重要制度形式。依据宪法规定,全国人大及其常委会担负着监督宪法实施的重要职责。对行政法规、地方性法规、司法解释等规范性文件开展备案审查,是全国人大常委会履行宪法监督职责的一项重要工作,是维护宪法法律权威、保障宪法法律实施的重要制度安排。

——节选自《努力把宪法实施和监督工作提高到新的水平》,《求是》2018年6月1日

达人舞台

一、单项选择题

1.2004年宪法修正案在关于爱国统一战线的表述中增加了( )。

A.全体社会主义劳动者　　　　B.社会主义事业的建设者

C.拥护社会主义的爱国者　　　D.拥护祖国统一的爱国者

2.2004年宪法修正案增加规定:国家尊重和保障( )的内容。

A.人权　　　B.人格　　　C.公民的权利　　　D.公民的基本权利

3.1993年宪法修正案将县级人民代表大会的任期改为( )。

A.三年　　　B.四年　　　C.五年　　　D.八年

4.根据2018年宪法修正案,我国新增设的国家机构是( )。

A.国务院　　　B.人民法院　　　C.监察委员会　　　D.人民检察院

5.我国现行的政党制度是( )。

A.一党制　　　　　　B.多党合作

C.多党制　　　　　　D.共产党领导下的多党合作制

二、判断题(请在正确题目后的括号内打"√",错误题目后的括号内打"×")

1.我国的1982年宪法已被全国人大修改了四次。(　　)

2.在我国,土地的使用权是不可以转让的。(　　)

3.国营经济是我国经济的主导力量。(　　)

4.坚持依法治国首先要坚持依宪治国,坚持依法执政首先要坚持依宪执政。(　　)

5.全国人大常委会有制定和修改宪法的权力。(　　)

三、辨析与实践

1.亲爱的同学们,通过对宪法知识的学习,想必你已经感受到宪法的重要性了吧!

为配合宪法宣传活动,请你以"宪法在我心中"为题写一篇演讲稿,号召大家一起来积极学习宪法、广泛宣传宪法并自觉遵守宪法。

2.2018年12月4日是我国第五个国家宪法日,也是第一个"宪法宣传周"。这次宣传周活动的主题是尊崇宪法、学习宪法、遵守宪法、维护宪法、运用宪法。在宪法宣传周,全国各地各校都开展了形式多样的主题宣传教育活动。新新所在的班级围绕"宪法作为国家根本法"这一主题展开了激烈的讨论。

新新:宪法作为国家的根本法,规定国家、社会生活中的根本问题。但这些问题与我们日常生活没有太多关系,我们中学生没多大的必要去学习。

闻闻:宪法作为国家的根本法,具有最高的法律效力。将我们日常生活中所涉及的权利与义务全写进宪法,那保障该多有效啊!

对同学们的讨论,你有什么看法?

第四课　我国宪法的基本精神

一个时代的法律精神是这个时代一切社会制度的价值基础。

——罗斯科·庞德

一切有权力的人都容易滥用权力,这是万古不易的一条经验。有权力的人往往使用权力一直到遇有界限的地方才休止。

——孟德斯鸠

法治讲堂

我国宪法的基本精神,用一句话概括即宪法是公民权利宣言书。具体来说包括以下三个方面。

一、宪法精神的核心是保障公民权利

公民权利,指作为一个国家的公民所享有的公民资格和与公民资格相关的一系列政治、经济和文化权利。保障公民权利是我国宪法精神的核心。

2004 年 3 月,第十届全国人民代表大会第二次会议通过了宪法修正案,增加了"国家尊重和保障人权"和"公民的合法的私有财产不受侵犯"等内容。至此,我国宪法有关公民基本权利的规定涵盖了当今世界各国人权保障的主要方面,使我国公民权利保障体系得以进一步完善。

二、宪法精神的主线是限制国家权力

国家权力是一个政权治理国家、维护国家安全和秩序、推动国家发展的公共政治力量。我国宪法精神的主线是限制国家权力。

我国现行宪法从制度层面对国家权力的行使设置了各种限制措施,以避免权力被滥用而侵犯公民的权利。2018年3月11日,第十三届全国人民代表大会第一次会议通过了《中华人民共和国宪法修正案》,对现行宪法进行了第五次修改,在国家机构中增设"监察委员会",使国家立法权、行政权、司法权和监察权等权力既相互独立又适度分工和制约,最终实现对公民权利的保障。

三、宪法精神的本质是实现社会公正

社会公正,就是社会各方面的利益关系得到妥善协调,社会各种矛盾得到正确处理,社会公平和正义得到切实维护和实现。实现社会公正是我国宪法精神的本质。

宪法限制国家权力、保障公民权利的目的在于维护社会公正。

2003年3月17日晚上,湖北青年孙志刚在广州因缺少暂住证而被警察送至广州"三无"人员收容遣送站。由于受到工作人员以及其他收容人员的野蛮殴打,孙志刚于3月20日死亡。随后,三位法学博士向全国人大常委会提交了违宪审查建议书,要求对此事件涉及的收容遣送制度进行违宪审查。2003年6月20日,国务院公布了《城市生活无着的流浪乞讨人员救助管理办法》,并于同年8月1日起施行,《城市流浪乞讨人员收容遣送办法》废止。这一事件引发的关于全国人大应当尽快启动违宪审查制度的讨论,推动了我国依法治国,实现社会公正的进程。

指点迷津

弘扬宪法精神,应该怎么做?

一方面,公民要自觉学习宪法知识,树立宪法意识,维护宪法权威。公民通过学习宪法知识,了解并理解我国的根本制度、公民的基本权利、国家机构及其职能等知识,树立宪法监督意识,进而敢于、善于同违宪行为作斗争。

另一方面,各级国家权力机关、行政机关、监察机关和司法机关的工作人员要不断增强宪法意识,提高依法行政的能力。

法治广角

世界各国如何庆祝宪法日

宗 禾

中国将每年12月4日定为国家宪法日暨全国法制宣传日,在全社会弘扬宪法精神。事实上,全世界不少拥有宪法的国家,都设置了宪法日。各国都期望,借助设置这一特殊的日子,为本国人民认识宪法、弘扬宪法精神提供契机。

美国:总统讲话、移民入籍

美国的宪法日是在每年的9月17日。这是美国宪法正式签署的纪念日。每年9月17日,联邦机构有责任为雇员提供有关宪法的教育和训练材料。接受联邦拨款的教育机构也必须举行有关美国宪法的教育活动。新公民的入籍仪式也会选择在这个特殊的日子进行。在重要的周年纪念日,美国总统还会发表讲话。

俄罗斯：总统演讲、群众游行、选美

12月12日是俄罗斯的宪法日。2005年起，宪法日成为休息日。宪法日对于俄罗斯人民有着非比寻常的意义。通过宪法日当天举办的各类活动，会使俄罗斯公民的法律意识得到加强，也会使俄罗斯联邦政府更加深入人心，对维护俄罗斯社会的稳定起到了积极的作用。这一天，俄罗斯一般会组织多种多样的庆祝活动，从总统演讲到群众游行，甚至是选美活动都可能进行。

挪威：组织巡游、王室出席

挪威宪法日又名五月十七日节，这一天也是挪威的国庆日，为每年一度的官方假期。在这个盛大的节日里，你会看到成千上万的人穿着民族服装，欢度佳节。街上，从少女到老妇几乎都穿着背带式拖地长裙，红色、白色、黑色、绿色，在厚厚的毛呢或棉布上绣着鲜艳的花朵和图案。游行队伍则由各中小学校的乐队组成，游行队伍一早集中在市中心，十点钟游行开始，队伍向皇宫移动，每个地区学校的乐队后面，通常会跟着当地的平民，他们也推着婴儿车，摇着国旗，跟着游行队伍经过皇宫，向国王一家致以节日的问候。

波兰：纪念英烈、授勋、阅兵

5月3日是波兰通过国内第一部宪法的纪念日，也是波兰宪法日。1791年波兰"四年议会"为了改善共和国内部的关系，通过了波兰历史上第一部宪法。宪法中规定了国家政权组织的准则和公民的义务与权利。这也是世界上继美国之后的第二部国家宪法。

波兰首都华沙会在当天举行各种庆祝活动，总统也会向无名英雄纪念碑敬献花圈并在总统府举行授勋仪式。国外的波兰人，也会在5月3日这一天庆祝宪法日。

——节选自《世界各国如何庆祝宪法日》，《共产党员（河北）》2015年第4期

达人舞台

一、单项选择题

1.我国宪法的基本精神,用一句概括即宪法是( )。

A.公民权利宣言书　B.国家权力保障书　C.党的行动纲领　　D.人民对美好生活的向往

2.我国宪法精神的核心是( )。

A.实现社会公平　　B.保障人人平等　　C.保障公民权利　　D.促进社会和谐

3.属于我国宪法限制国家权力的具体措施是( )。

A.设立国家监察委员会,独立行使监察权

B.通过了《中华人民共和国宪法修正案》

C.设立国家宪法日,实施宪法宣誓制度

D.规定我国公民在法律面前一律平等

4.下面不能体现我国宪法公正精神的是( )。

A.协调社会各方面利益　　　　　　B.正确处理社会各种矛盾

C.维护国家机关的权力　　　　　　D.保障公民的基本权利

5.宪法限制国家权力,保障公民权利的目的是( )。

A.维护党的权威　　　　　　　　　B.维护社会公正

C.推动经济发展　　　　　　　　　D.提高人民生活水平

二、判断题(请在正确题目后的括号内打"√",错误题目后的括号内打"×")

1.规范国家权力是我国宪法精神的主线。( )

2.宪法限制国家权力、以保障公民权利的目的在于维护社会公正。( )

3.公民要自觉学习宪法知识,树立宪法意识,维护宪法权威。( )

4.各级国家权力机关、行政机关、监察机关和司法机关的工作人员要不断增强宪法意识,提高依法行政的能力。( )

5.我国的宪法日是每年的12月4日。( )

三、辨析与实践

请联系生活实际,谈谈中学生应如何弘扬宪法精神。

第二专题　宪法总纲

第五课　宪法是国家方向的航标灯

国家的根本任务是,沿着中国特色社会主义道路,集中力量进行社会主义现代化建设。

——《中华人民共和国宪法》序言(节选)

法治讲堂

一、宪法确定国家发展道路

我国的国家性质是由宪法确认的,宪法明确了我国的发展方向是走社会主义道路。宪法第一条第一款规定:"中华人民共和国是工人阶级领导的、以工农联盟为基础的人民民主专政的社会主义国家。"第二条第一款规定:"中华人民共和国的一切权力属于人民。"宪法序言明确规定:"我国将长期处于社会主义初级阶段。国家的根本任务是,沿着中国特色社会主义道路,集中力量进行社会主义现代化建设。"这说明我国选择的是一条坚持和发展中国特色社会主义的道路。

在近代史上,无数仁人志士试图拯救黑暗的旧中国。但洋务运动、戊戌变法、辛亥革命都没能完全拯救旧中国。实践证明资本主义这条道路在中国走不通。马克思主义为中国带来了曙光,中国共产党人开始了艰辛的探索。中华人民共和国建立前,在井冈山、遵义、延安等地,中国共产党领导无数革命志士浴血奋战,留下了一串串坚实的足迹。中华人民共和国成立后,第一辆汽车、第一架飞机、第一个万吨水

压机……每一个前进步伐,都让人们激动自豪。如今,我国的改革开放取得了举世瞩目的成就,创造了人类社会发展史上惊天动地的发展奇迹,使中华民族焕发出新的蓬勃生机。实践证明,宪法确定的社会主义道路是适合中国国情的正确道路。

二、宪法确认我国政体

政体是国家的政权组织形式,具体表现为国家政治体系运作的方式。中华人民共和国的政体是人民代表大会制度,人民代表大会制度也是我国的根本政治制度。人民代表大会制度的主要特征是:国家的一切权力属于全体人民,人民选派代表来行使国家权力。宪法第二条明确规定:"中华人民共和国的一切权力属于人民。人民行使国家权力的机关是全国人民代表大会和地方各级人民代表大会。人民依照法律规定,通过各种途径和形式,管理国家事务,管理经济和文化事业,管理社会事务。"宪法第三条第二款和第三款明确规定:"全国人民代表大会和地方各级人民代表大会都由民主选举产生,对人民负责,受人民监督。国家行政机关、监察机关、审判机关、检察机关都由人民代表大会产生,对它负责,受它监督。"

在2015年两会上,基层人大代表明经华,给习近平总书记带来了百岁老红军王承登写的一封信,希望国家加大对赣南茶油等扶贫产业的支持。习总书记将这封信带到了江西代表团审议会场,并念给大家听。基层民众的呼声就这样直达党和国家领导人。人民代表大会制度之所以有强大生命力和显著优越性,关键在于它深深植根于人民之中,在人民内部起到了充分协商和凝聚共识的作用。

三、新时代坚持和完善政体

在我国,与人民民主专政的国体相适应的政体,是实行民主集中制的人民代表大会制度。人民代表大会制度是符合我国国情的政治体制,在新时代,必须依然坚持并不断完善这一制度。坚持和完善人民代表大会制度,必须毫不动摇地坚持中国共产党的领导,通过人民代表大会制度,使党的主张通过法定程序成为国家意志;必须保证和发展人民当家作主,通过各级人民代表大会,支持和保证人民行使国家权力;必须全面推进依法治国,通过人民代表大会制度,促进国家工作法治化;必须坚持民主集中制,通过各国家机关分工协作,保证国家统一高效组织、推进各项事业。

指点迷津

1.如何理解国体与政体?

国体与政体是我们认识一个国家最重要的两个维度。

国体确定一个国家的性质。宪法第一条明确规定了我国的国体是人民民主专政的社会主义国家。

政体告诉我们国家的权力属于谁,国家权力如何行使,国家机器如何运转。宪法第二条明确规定了我国的政体是人民代表大会制度。

2.新时代的社会主要矛盾已转化,基本国情也变了吗?

党的十九大报告指出,中国特色社会主义进入了新时代。我国社会主要矛盾已经转化为人民日益增长的美好生活需要和不平衡不充分的发展之间的矛盾。2018年3月通过的宪法修正案,再次确认了我国的基本国情并没有变化。宪法序言中明确规定:我国将长期处于社会主义初级阶段;国家的根本任务是,沿着中国特色社会主义道路,集中力量进行社会主义现代化建设。

法治广角

"我"从哪里来?

国体自述

国体说:"历经沧桑却依然屹立于世界民族之林的中国,是世界四大文明古国中古代文明唯一没有中断而延续至今的国家。我(国体)是国家的阶级性质,是指社会各阶级在国家中的地位。人类历史上迄今为止出现过四种不同阶段即四种历史类型的国家:奴隶制国家、封建制国家、资本主义国家、社会主义国家。中国最早的国体是夏商周时期的奴隶制国家,两千多年的封建社会时期的国体是封建制国家。在近代,由于受到西方列强入侵等因素的影响,中国那时是半殖民地半封建性质的国家。直到中华人民共和国的建立,完成了社会主义改造,才开始建立了人民民主专政的社会主义性质的国家。"

政体自述

政体说:"我是一个国家的政权组织形式,人们一般将我分为君主制和共和制两大类。中国古代实行的是君主政体,是以古代君王为核心的中央集权的政治体制。在近现代史上,中国曾多次仿效西方的政体模式,但都没有取得成功,没有能够拯救处于水深火热之中的中国人民。历史证明,盲目崇拜、模仿西方国家的政体模式难以成功。中国共产党带领中国人民经过长期的探索和实践,于1949年9月29日,在中国人民政治协商会议第一届全体会议上通过了《中国人民政治协商会议共同纲领》,它选择人民代表大会制度为我国的政体。这是一种共和政体,它的最高权力属于人民。这也是历史的必然选择。"

"我"要到哪里去?

中国乐享制度红利　坚持道路自信

改革开放四十年来,中国经济发展速度世界第一,中国已经是世界第二大经济体。我们不得不承认这是伟大的社会主义实践的成果,它是社会主义制度红利的体现。人民生活水平全面改善,我国综合国力极大提高,全体中国人正在享受这种制度红利。

中国共产党十九大报告提出了8个"明确"以及24个"坚定"、14个"坚持"、14个"自信",充分体现出中国明确的发展方向。我们既不能走封闭僵化的老路,也不能走改旗易帜的邪路,在新时代,坚持中国特色社会主义才是我们真正应该走的正路!

达人舞台

一、单项选择题

1. 国体确定的是国家性质,我国的国体是(　　)。

A. 民主集中制　　　　　　　　B. 人民代表大会制度

C. 政治协商制度　　　　　　　D. 人民民主专政的社会主义国家

2. 2018年的宪法修正案再次确认我国现在所走的发展道路是（　　）。

A. 资本主义道路　　　　　　　　B. 半殖民地半封建社会道路

C. 国家资本主义道路　　　　　　D. 中国特色社会主义道路

3. 政体是国家的政权组织体制，我国的政体组织形式是（　　）。

A. 民主集中制　　　　　　　　　B. 政治协商制度

C. 人民代表大会制度　　　　　　D. 人民民主专政的社会主义国家

4. 在我国，必须坚持和完善的根本政治制度是（　　）。

A. 社会主义制度

B. 人民代表大会制度

C. 生产资料的社会主义公有制

D. 中国共产党领导的多党合作和政治协商制度

5. 国家的运转总是离不开一定的政体，下列关于政体的说法正确的是（　　）。

A. 共和政体最高权力的行使属于国家

B. 共和政体最高权力的行使属于无产阶级

C. 新中国的共和政体将国家一切权力归属于全体人民

D. 新中国选择的是以君王为核心的中央集权的君主政体

二、判断题（请在正确题目后的括号内打"√"，错误题目后的括号内打"×"）

1. 宪法规定国家的根本制度和根本任务。（　　）

2. 中国共产党的领导是中国特色社会主义最本质的特征。（　　）

3. 全国人民代表大会常务委员会是我国最高国家权力机关。（　　）

4. 新中国的政体类型属于君主政体。（　　）

5. 中华人民共和国的最高权力属于我国公民。（　　）

三、辨析与实践

从以下主题中选择一个写一篇演讲稿，然后在班上组织开展演讲活动，并邀请老师做指导。

1. 在宪法指引下前进；

2. 新宪法照亮新航向。

要求：

①突出宪法主题：树立学习宪法的意识、养成遵守宪法的习惯、显现运用宪法的效果。

②贴近生活：重视在生活中感悟、体验运用宪法的重要意义。

第六课　宪法是依法治国的制度基础

社会主义制度是中华人民共和国的根本制度。中国共产党领导是中国特色社会主义最本质的特征。禁止任何组织或者个人破坏社会主义制度。

——《中华人民共和国宪法》第一条第二款

国家在必要时得设立特别行政区。在特别行政区内实行的制度按照具体情况由全国人民代表大会以法律规定。

——《中华人民共和国宪法》第三十一条

法治讲堂

我国宪法第五条第一款规定："中华人民共和国实行依法治国,建设社会主义法治国家。"依法治国需要许多的制度做保障。宪法是这些制度的基础和依据。宪法及相应制度就形成了我国依法治国的制度树。我国宪法规定的制度一般可以分为三大类:宪法直接规定的制度、宪法授权产生的制度和宪法规定的具体制度。

一、宪法直接规定的制度

宪法序言中明确规定："本宪法以法律的形式确认了中国各族人民奋斗的成果，规定了国家的根本制度和根本任务，是国家的根本法，具有最高的法律效力。"所以宪法直接规定的制度是这棵制度树上最多的制度。它主要包括：社会主义制度，人民民主专政政治制度，人民代表大会制度，中国共产党领导的多党合作和政治协商制度，民族区域自治制度，基层群众自治制度以及公有制为主体、多种所有制经济共同发展的基本经济制度等。

宪法宣誓制度

宪法宣誓制度是指国家工作人员就职时应当依照法律规定公开进行宪法宣誓。2015年7月1日，第十二届全国人民代表大会常务委员会第十五次会议通过了关于实行宪法宣誓制度的决定，2018年2月24日第十二届全国人民代表大会常务委员会第三十三次会议对该决定进行了修订。

宪法宣誓的意义

在我国，凡经各级人民代表大会及县级以上各级人民代表大会常务委员会选举或者决定任命的国家工作人员，以及各级人民政府、监察委员会、人民法院、人民检察院任命的国家工作人员，在就职时应当公开进行宪法宣誓。这样做，有利于彰显宪法权威，增强公职人员宪法观念，激励公职人员忠于和维护宪法，也有利于在全社会增强宪法意识。

二、宪法授权产生的制度

宪法授权产生的制度是指在我国宪法的条款中，没有被直接规定，但要求制定相应法律予以规定的制度。它主要包括：

宪法第三十一条规定：在特别行政区内实行的制度按照具体情况由全国人民代表大会以法律规定。第五十九条第三款规定："全国人民代表大会代表名

额和代表产生办法由法律规定。"第七十八条规定:"全国人民代表大会和全国
人民代表大会常务委员会的组织和工作程序由法律规定。"第八十六条第三款
规定:"国务院的组织由法律规定。"第九十五条第二款规定:"地方各级人民代
表大会和地方各级人民政府的组织由法律规定。"第九十七条第二款规定:"地
方各级人民代表大会代表名额和代表产生办法由法律规定。"第一百二十四条
第四款规定:"监察委员会的组织和职权由法律规定。"第一百二十九条第三款
规定:"人民法院的组织由法律规定。"第一百三十五条第三款规定:"人民检察
院的组织由法律规定。"

《中华人民共和国香港特别行政区基本法》是由全国人民代表大会,依据《中华人
民共和国宪法》第三十一条授权而制定的法律制度。它不仅规定了香港特别行政区的
制度和政策,也确保国家对香港特别行政区的基本方针、政策得以实施。

三、宪法规定的具体制度

宪法规定的具体制度,是指在我国宪法条款中规定的内容比较具体的制
度。如公民权利义务制度。宪法第二章,从第三十三条到第五十六条,就比较
具体地针对公民的权利和义务作了相关规定。宪法第三章,从第五十七条到第
一百四十条,具体地针对我国的国家和地方机关的职权也作了相关规定。

指点迷津

我国的根本制度、根本政治制度和基本政治制度分别是什么?

我国的根本制度是社会主义制度。

我国的根本政治制度是人民代表大会制度。

我国的基本政治制度主要包括:中国共产党领导的多党合作和政治协商制
度、民族区域自治制度等。

法治广角

中国共产党依法治国的历史进程

姚桓

中国共产党从革命根据地时期到今天，一直在进行依法治国的探索。大体上可以划分为四个时期。

第一个时期是从土地革命到1949年中华人民共和国成立，这是中国共产党在局部执政的根据地进行的初步法制建设，也是中国共产党依法治国探索的开端。它经历了一个从无到有、从零散到比较系统的过程。具有代表性的是：1931年11月，在江西瑞金由中华苏维埃第一次全国代表大会制定的《中华苏维埃共和国宪法大纲》。这是中国第一部反映劳动人民当家作主、参加国家管理的宪法性文件，为后来建立革命政权和法制建设提供了经验。

第二个时期是新中国成立到十一届三中全会，这是我国社会主义法制建设取得重要成就而又遭受挫折的时期。具有代表性的是：1954年9月通过的《中华人民共和国宪法》，是我国第一部社会主义类型的宪法。从1949年到1957年，中央颁布的法律法规有九百多部，初步建立起了人民民主专政的法律制度。

第三个时期是从十一届三中全会到十八届四中全会，这是中国共产党确立依法治国方略、社会主义法治建设取得重要进展的时期。最具代表性的是：1982年12月通过的《中华人民共和国宪法》。这一时期，中国特色社会主义法律体系已经形成，法治政府建设稳步推进，司法体制不断完善，全社会法治观念明显增强。

第四个时期是从十八届四中全会至今。十八届四中全会在依法治国的总目标下，确立了若干原则和任务，制定了建设法治中国的路线图，标志着中国进入了建设社会主义法治体系的新阶段。

——节选自《中国共产党依法治国的历程及思考》，人民网2015年4月3日

达人舞台

一、单项选择题

1. 下列不属于宪法直接规定的制度是（　　）。

A. 人民代表大会制度　　　　　　　B. 社会主义制度

C. 民族区域自治制度　　　　　　　D. 公民权利义务制度

2. 国有经济控制着国民经济的命脉。下列在宪法中对国有经济说法不正确的是（　　）。

A. 是国民经济中的主导力量　　　　B. 国家保障国有经济的巩固和发展

C. 是社会主义全民所有制经济　　　D. 是社会主义非公有制经济

3. 下列关于民族区域自治制度的说法正确的是（　　）。

①各民族都有使用和发展自己的语言文字的自由

②国家维护和发展各民族的平等团结互助和谐关系

③民族自治机关包括自治区、自治州、自治县的人民代表大会和党组织

④各少数民族聚居的地方实行区域自治，设立自治机关，行使自治权

A. ①②③　　　　　B. ①②④　　　　　C. ①③④　　　　　D. ②③④

4. 下列关于社会保障制度的说法正确的是（　　）。

A. 国家建立完善的社会保障制度

B. 国家建立完善的社会保险制度

C. 国家建立健全同经济发展水平相适应的社会保障制度

D. 国家建立健全同经济发展水平相适应的社会保险制度

二、判断题（请在正确题目后的括号内打"√"，错误题目后的括号内打"×"）

1. 我国民族自治地方包括自治区、自治州、自治县和民族乡。（　　）

2. 城市的土地属于国家所有，农村的土地都属于集体所有。（　　）

3. 中国特色社会主义最本质的特征是中国共产党的领导。（　　）

4. 我国宪法宣誓制度规定的相关国家工作人员就职时应当依照法律规定公开进行宪法宣誓。（　　）

5. 公民合法的私有财产不受侵犯。（　　）

三、辨析与实践

从以下主题中选择一个写一篇演讲稿,然后在班上组织开展演讲活动,并邀请老师做指导。

1. 依法治国的制度保障;

2. 让宪法制度在新时代永葆青春。

要求:

①突出宪法主题:树立学习宪法的意识、养成遵守宪法的习惯、显现运用宪法的效果。

②贴近生活:重视在生活中感悟、体验运用宪法的重要意义。

第七课　宪法是民族平等的定音锤

中华人民共和国各民族一律平等。国家保障各少数民族的合法的权利和利益,维护和发展各民族的平等团结互助和谐关系。禁止对任何民族的歧视和压迫,禁止破坏民族团结和制造民族分裂的行为。

——《中华人民共和国宪法》第四条第一款

法治讲堂

一、宪法确认民族平等

民族平等是我国处理民族问题的根本原则和首要原则。民族平等是我国建立和谐社会、促进各民族繁荣和发展的重要保证。

宪法序言规定:"中国各族人民共同创造了光辉灿烂的文化,具有光荣的革命传统。""中华人民共和国是全国各族人民共同缔造的统一的多民族国家。"这是宪法确定民族平等的重要因素。

二、宪法准确定位民族平等

中华人民共和国各民族一律平等。民族平等主要包括三层含义:

一是各民族不论人口多少,历史长短,居住地域大小,经济发展程度如何,语言文字、宗教信仰和风俗习惯是否相同,政治地位一律平等。

二是各民族不仅在政治、法律上地位平等,而且在经济、文化、社会生活等所有领域平等。

三是各民族公民在法律面前一律平等,享有同等的权利,承担同等的义务。

2018年是宁夏回族自治区成立60周年。60年来,宁夏发生了翻天覆地、脱胎换骨的历史性巨变,创造了一个又一个的人间奇迹,贺兰山、六盘山下,黄河两岸都发生了举世瞩目的历史巨变。从1958年到2017年,宁夏经济实力显著增强,全区地区生产总值从3.28亿元增加到3453.93亿元,城乡居民人均可支配收入分别从216元、102元增加到29472元、10738元,均实现上百倍的增长;人民生活显著改善,从涝坝水到自来水,从土坯房到小板楼,从人背马驮羊皮筏到建立现代交通体系,从白茫茫的荒滩到城市带、都市圈拔地而起,贫困发生率从70%以上下降到6%,彻底甩掉了"苦瘠甲天下"的帽子。

宁夏各民族平等和睦、社会总体和谐稳定。这些成就的取得得益于民族平等原则发挥了重要的基础性作用。

三、坚持民族平等的要求

一是坚持民族平等原则。民族平等是民族团结的前提和基础,没有民族平等,就不会实现民族团结;民族团结则是民族平等的必然结果,是促进各民族真正平等的保障。宪法第四条明确规定,禁止对任何民族的歧视和压迫,禁止破坏民族团结和制造民族分裂的行为。

二是坚持民族区域自治政策。宪法第四条明确规定,各少数民族聚居的地方实行区域自治,设立自治机关,行使自治权。宪法第三章第六节"民族自治地方的自治机关"明确规定了自治机关及其自治权。

三是发展少数民族地区经济文化事业。少数民族地区经济文化等发展相对滞后。宪法第一百二十二条第一款规定:"国家从财政、物资、技术等方面帮助各少数民族加速发展经济建设和文化建设事业。"

四是培养少数民族干部。宪法第一百二十二条第二款规定:"国家帮助民族自治地方从当地民族中大量培养各级干部、各种专业人才和技术工人。"

五是使用和发展少数民族语言文字。宪法第四条规定,各民族都有使用和发展自己的语言文字的自由。宪法第一百二十一条规定:"民族自治地方的自治机关在执行职务的时候,依照本民族自治地方自治条例的规定,使用当地通用的一种或者几种语言文字。"宪法第一百三十九条第一款规定:"各民族公民都有用本民族语言文字进行诉讼的权利。人民法院和人民检察院对于不通晓当地通用的语言文字的诉讼参与人,应当为他们翻译。"

六是尊重少数民族风俗习惯。我国各少数民族都有自己的风俗习惯。宪法第四条规定,各民族都有保持或者改革自己的风俗习惯的自由。

1955年2月创刊的《民族画报》，由周恩来总理题写刊名，它用汉文、蒙古文、藏文、维吾尔文、哈萨克文、朝鲜文六种文字出版，在全国各省、自治区、直辖市及世界50多个国家和地区发行。它是党和国家贯彻民族平等政策的重要举措之一，也充分体现了我国民族平等政策的原则要求，体现了"各民族都有使用和发展自己的语言文字的自由"的宪法规定。

《民族画报》也是促进我国各民族相互了解与团结进步的重要途径之一。汉族与各少数民族之间在互助合作中，共同创造了新中国的辉煌和各民族自身的美好，《民族画报》以见证者和记录者的身份融入了中华人民共和国成立后这一轰轰烈烈跌宕起伏的伟大历史进程，成为宣传党和国家民族工作的重要媒介。

指点迷津

1.新型社会主义民族关系新在哪里？

2018年3月11日，宪法修正案将宪法序言中"平等、团结、互助的社会主义民族关系已经确立，并将继续加强"修改为"平等团结互助和谐的社会主义民族关系已经确立，并将继续加强"。对民族关系的描述增加了"和谐"一词，体现了我国民族关系的进一步发展。这说明我国新型社会主义民族关系，不仅具有平等、团结、互助的特点，也具有了"和谐"的特点。

2.民族平等与民族团结、互助、和谐的关系？

民族平等、团结、互助、和谐是我国社会主义民族关系的基本特征。民族平等是民族团结、互助、和谐的前提和基础。民族团结是各民族之间的团结和各民族内部的团结，是社会主义民族关系发展的主线。民族互助是各族人民为了共同的目标和利益，互相帮助、互相支持，是社会主义民族关系发展的重要保障。民族和谐是本质。

法治广角

各民族要像石榴籽那样紧紧抱在一起

张时空

石榴,中国传统文化视其为吉祥物,是多子多福的象征,恰如中华民族大家庭的多民族特色。石榴果成熟后,多室多子,籽粒饱满,颗颗相抱,正如我国56个民族紧密团结在一起。

2014年5月,习近平总书记在第二次中央新疆工作座谈会上强调:"各民族要相互了解、相互尊重、相互包容、相互欣赏、相互学习、相互帮助,像石榴籽那样紧紧抱在一起。"

各民族只有"像石榴籽那样紧紧抱在一起",中华民族这棵参天大树才能枝繁叶茂。各族干部群众要切实增强政治意识、大局意识、责任意识,共同团结奋斗、共同繁荣发展。只要辛勤培育民族团结的石榴之树,定会结出颗满籽饱的石榴之果。

——节选自《各民族要像石榴籽那样紧紧抱在一起》,《内蒙古日报》2015年9月28日

达人舞台

一、单项选择题

1. 宪法序言规定:中华人民共和国是全国各族人民共同缔造的(　　)国家。

A. 统一的少数民族　B. 统一的多民族　　C. 单一的少数民族　D. 单一的多民族

2. 民族平等是我国处理民族问题的首要原则。在宪法中,下列关于民族平等的说法不正确的是(　　)。

A. 严禁少数民族改革自己的风俗习惯　B. 我国各民族一律平等

C. 我国禁止对任何民族的歧视和压迫　　D. 我国坚持民族区域自治政策

3. 我国自古以来是一个多民族国家。新中国成立至今,共有(　　)个民族。

　　A. 54　　　　　　　　B. 55　　　　　　　　C. 56　　　　　　　　D. 57

4. 我国宪法规定:各少数民族聚居的地方实行区域自治,设立(　　),行使自治权。

　　A. 立法机关　　　　B. 行政机关　　　　C. 法院　　　　　　　D. 自治机关

5. 我国宪法第四条规定:国家保障各少数民族合法的权利和利益,维护和发展各民族的(　　)关系。

　　A. 平等、团结、互助　　　　　　　　　B. 团结、互助、和谐

　　C. 平等、团结、和谐　　　　　　　　　D. 平等、团结、互助、和谐

二、判断题(请在正确题目后的括号内打"√",错误题目后的括号内打"×")

1. 民族平等是我国处理民族问题的根本原则和首要原则。(　　)

2. 我国的民族分布特点是大杂居、小聚居、交错杂居。(　　)

3. 我国各民族公民在法律面前一律平等,享有同等的权利,承担同等的义务。(　　)

4. 在我国,实行民族区域自治的地区,包括少数民族人民居住的所有地区。(　　)

5. 民族平等是民族团结、互助、和谐的前提和基础。(　　)

三、辨析与实践

从以下主题中选择一个写一篇演讲稿,然后在班上组织开展演讲活动,并邀请老师做指导。

1. 民族平等我践行;

2. 维护民族平等,爱我锦绣中华。

要求:

①突出宪法主题:树立学习宪法的意识、养成遵守宪法的习惯、显现运用宪法的效果。

②贴近生活:重视在生活中感悟、体验运用宪法的重要意义。

第八课　宪法是国家统一的法律基础

> 中华人民共和国是全国各族人民共同缔造的统一的多民族国家。
>
> ——《中华人民共和国宪法》序言（节选）
>
> 中华人民共和国公民有维护国家统一和全国各民族团结的义务。
>
> ——《中华人民共和国宪法》第五十二条

法治讲堂

一、我国是一个历史悠久的统一的多民族国家

从春秋战国到清代前期，中国历史先后经历了三次从大分裂走向大统一的发展历程：第一次是从春秋战国走向秦汉大统一；第二次是从三国两晋南北朝走向隋唐大统一；第三次是从五代十国、宋、辽、金走向元、明、清（前期）持续三朝的大统一。这种历史的发展进程逐步形成了我国这样一个历史悠久的统一的多民族国家。

二、台湾自古以来是中国的领土

三国吴王孙权曾派卫温率船队到夷洲（今台湾），隋炀帝三次派人去流求（今台湾），元朝时设澎湖巡检司管辖澎湖和琉球（今台湾），明朝时郑成功于1662年从荷兰殖民者手中收复台湾，清朝于1684年设立台湾府，加强了对台湾的管辖。

1945年10月25日，同盟国中国战区台湾省受降仪式于台北举行，受降主官代表中国政府宣告：自即日起，台湾及澎湖列岛已正式重入中国版图，所有一切土地、人民、政事皆置于中国主权之下。1949年国民党退守台湾之后，海峡两岸间开始处于分离分治状态，形成今天的台湾问题。

三、坚持"一国两制"的方针

实现祖国的完全统一,是海内外中华儿女的共同心愿,也是中华民族的根本利益所在。党和政府制定了推动祖国完全统一的"一国两制"基本方针。"一国两制"指的是在中华人民共和国内,国家的主体实行社会主义制度,香港、澳门和台湾实行资本主义制度。在"一国两制"方针的指引下,1997年7月1日香港回归祖国,1999年12月20日澳门回归祖国。

2017年7月1日是香港回归祖国20周年的纪念日,这20年来香港取得了哪些辉煌成绩?

回归以来,香港居民依法享有的基本权利和自由,受到宪法、香港特别行政区基本法以及香港本地法律等的充分保障,民主政制依法稳步推进,经济保持平稳发展,国际金融、贸易、航运中心地位得以保持和提升,传统优势产业不断巩固和发展,营商环境保持良好。

回归20多年来,香港专注于发展高增值和需要精确专业知识的产品生产与服务,实现了向服务型经济的转型。数据显示,1997年,服务业在香港本地生产总值所占比率为85%,2016年这一比率已提高至92.6%。

事实证明,"一国两制"是香港、澳门回归后保持长期繁荣稳定的最佳制度。

指点迷津

在解决台湾问题上我国坚持"和平统一,一国两制"的方针,那么是不是意味着无论在什么情况下我们都不会对台湾使用武力呢?

答案当然是否定的。《反分裂国家法》第二条规定:"世界上只有一个中国,大陆和台湾同属一个中国,中国的主权和领土完整不容分割。……台湾是中国的一部分。国家绝不允许'台独'分裂势力以任何名义、任何方式把台湾从中国分裂出去。"《反分裂国家法》第八条第一款规定:"'台独'分裂势力以任何名义、任何方式造成台湾从中国分裂出去的事实,或者发生将会导致台湾从中国分裂出去的重大事变,或者和平统一的可能性完全丧失,国家得采取非和平方式及其他必要措施,捍卫国家主权和领土完整。"

在中国共产党第十九次全国代表大会上,习近平总书记代表十八届中央委员会向大会作报告。习近平总书记在报告中说:"我们绝不允许任何人、任何组织、任何政党、在任何时候、以任何形式、把任何一块中国领土从中国分裂出去!"

所以,中国坚持用和平的方式,通过谈判实现和平统一,但并不意味着无论在什么情况下,我们都不会对台湾使用武力。

法治广角

实现祖国完全统一,是中华民族的根本利益所在

习近平总书记在十九大报告中提到"实现祖国完全统一",并且强调"是中华民族根本利益所在","是实现中华民族伟大复兴的必然要求"。这意味着,在中国特色社会主义新时代,伴随着全面建设社会主义现代化强国的新征程,祖国统一大业将迎来新局面。党的十九大报告指出,经过长期努力,中国特色社会主义进入了新时代。在新时代,中国要在全面建成小康社会、实现第一个百年奋斗目标的基础上,开启全面建设社会主义现代化强国的新征程,向第二个百年目标进军。按照十九大规划的新蓝图,中国要在2035年基本实现社会主义现代化,到二十一世纪中叶,要把我国建设成富强民主文明和谐美丽的社会主义现代化强国。届时,中华民族将以更加昂扬的姿态屹立于世界民族之林。

纵观世界历史,凡是强国通常都有三个重要指标:一是物质文明、政治文明、精神文明、社会文明、生态文明以及国家治理体系和治理能力的综合国力世界领先;二是国际影响力世界领先;三是国家统一。一个尚未实现完全统一的国家,综合国力是有缺陷的,国际影响力也会受到影响,这个民族就不能以昂扬的姿态屹立于世界民族之林。正因为这样,中国共产党在推进社会主义现代化建设的同时,必将坚定不移地推进祖国和平统一进程。

达人舞台

一、单项选择题

1. 下列关于民族区域自治的表述中,不正确的选项是( )。

A. 我国在少数民族聚居地区实行民族区域自治制度

B. 我国民族区域自治地方享有高度自治权

C. 我国民族自治地方包括自治区、自治州、自治县三级

D. 我国民族自治机关包括自治区、自治州、自治县的人民代表大会和人民政府

2. 发展两岸关系和实现和平统一的基础是( )。

A. 坚持一个中国原则　　　　　　　B. 和平统一、一国两制

C. 决不承诺放弃使用武力　　　　　D. 反对"台湾独立"

3. 下面对解决香港、澳门和台湾问题的表述,正确的是( )。

A. 属于国家的统一问题　　　　　　B. 属于洗雪国耻的问题

C. 属于打击分裂主义问题　　　　　D. 属于消除地方割据问题

4. 实行"一国两制"后,香港和澳门两个特别行政区( )。

A. 接受中央政府委派的各级官员　　B. 不享有独立的司法权

C. 最高行政管理权归属中央政府　　D. 享有行政管理权

5. "一国两制"的基本国策与"台独"分子"一边一国论"主张的根本区别在于( )。

A. 台湾能否保留自己的军队　　　　B. 台湾能否有独立的司法权

C. 台湾能否有独立的主权　　　　　D. 台湾能否保留现行的法律

二、判断题(请在正确题目后的括号内打"√",错误题目后的括号内打"×")

1. 我国是一个统一的多民族国家。( )

2. 民族乡集中居住了一定数量的少数民族,是我国最基层的民族自治地方。( )

3. 自治县县长由实行区域自治的民族的公民担任。( )

4. 民族自治地方的自治机关有管理地方财政的自治权。( )

5. 我国解决台湾问题的基本方针是"一国两制"。( )

6. 实现台湾与大陆的统一符合我国各族人民的根本利益。( )

7. 和平解决台湾问题就应该放弃武力。( )

8. "一国两制"不会改变人民民主专政的国家性质。( )

三、辨析与实践

实现祖国完全统一,是中华民族的根本利益所在。请你谈谈对该句话的看法。

第三专题　公民权利和义务

第九课　国家尊重和保障人权

> 国家尊重和保障人权。
>
> ——《中华人民共和国宪法》第三十三条第三款

法治讲堂

一、中国人权发展的里程碑——人权入宪

2004年3月14日，第十届全国人民代表大会第二次会议通过宪法修正案，把"国家尊重和保障人权"载入宪法。这是中华民族文明史和中国人权发展史上的伟大里程碑。从此，中国开启了人权法制保障的新时代。

人权，是指在一定的社会历史条件下每个人按其本质和尊严享有或应该享有的基本权利。人权的实质内容和目标是实现人自由、平等地生存和发展。

人权入宪给中国的人权事业带来一系列深刻的变化：人权法律保障体系将更加完善；与人权有关的社会问题将得到更为妥善的处理；保障人权的相关机构将逐步设立且功能将逐渐加强；全民人权意识将进一步增强。

二、中国人权发展的奋斗史——回顾历史

孙中山让中国人民醒过来：20世纪初，孙中山领导辛亥革命，提出三民主义，推翻了几千年的封建专制制度，唤醒了沉睡中的中国人。但军阀混战，西方列强践踏，民不聊生，中国主权难以维护，人权无法得到保障。

毛泽东领导中国人民站起来：在中国共产党的领导下，经过艰苦卓绝的奋斗，中华人民共和国成立了。有了国家主权的保障，中国人权事业从此掀开新的篇章。

邓小平领导中国人民富起来：改革开放政策极大地促进了中国经济的发展和人民生活的改善，中国人民的生存权和发展权得到了维护，实现了从贫困到温饱，再到小康的飞跃。

回顾历史，我们可以发现，中国在追求人权道路上已步履蹒跚地迈过了一个多世纪，这是一个国家和民族漫长而艰苦的探索。人权的发展系于国家和民族的兴衰。国家主权是人权实现的根本保障，经济的发展和社会的进步是人权实现的根本途径。

三、中国人权事业的白皮书——书写今朝

党的十八大以来，以习近平同志为核心的党中央，始终坚持以人民为中心的发展理念，带领全国人民在神州大地上绘就了一幅波澜壮阔的中国人权保障事业画卷。

2017年初，重庆市南川区贫困户周洪方因病住院，医药费花去7500多元。出院时，按照城乡居民医保、大病医保叠加共报销了5600多元，自付不到2000元。周洪方说："要不是医疗保险报销大头，真不知道哪儿去筹这笔医疗费。"周洪方说出了许多贫困人民的心声。

2017年9月29日，国务院新闻办公室发表《中国健康事业的发展与人权进步》白皮书，展现了近年我国在健康事业的发展与人权进步事业的巨大成就。2017年12月15日，国务院新闻办公室发

表《中国人权法治化保障的新进展》白皮书。这些人权事业的白皮书宣示着：中国近年在人权保障道路上砥砺前进，走出了一条具有中国特色的人权发展道路。

四、中国人权事业的新征程——续写辉煌

中国特色社会主义进入新时代，中国人权事业发展也提出了新要求。

中国的减贫行动。贫穷是实现人权的最大障碍。中国的减贫行动是中国人权事业进步的最显著标志。"确保到2020年所有贫困地区和贫困人口同全国人民一道迈入全面小康社会"是"坚决打赢脱贫攻坚战"的新任务、新要求之一。为实现这一目标，中国正在全面实施脱贫方略。

2018年9月，四川省甘孜藏族自治州石渠县德荣玛乡至真达乡一条约100千米的农村公路贯通，结束了这里的乡亲祖祖辈辈被"隔绝"的历史。路通了，外面的游客可以进来了，乡里的白菌、虫草、牦牛肉可以运出去了，致富就有希望。

要想摆脱贫困，必须修通道路。石渠县的交通扶贫攻坚战也是四川省甘孜州乃至全国交通扶贫的一个缩影。作为全国14个集中连片特困地区之一和四川省脱贫攻坚"四大片区"的重要组成部分，甘孜州全州有18个县（市）都是省级重点贫困县，有贫困村1360个。随着一条条通村公路的建设，改变了乡亲以前出行主要靠步行和骑马的状态，有效带动了甘孜州旅游业、农业和牧业的发展。

道路通则百事通。乡村公路的建设，为打赢脱贫攻坚战最后一公里奠定了基础。

构建人类命运共同体。习近平总书记在党的十九大报告中指出，要坚持推动构建人类命运共同体。人类命运共同体理念展现了大国的人权担当和自信。联合国决议首次写入构建人类命运共同体理念。

"2018·北京人权论坛"以"消除贫困：共建一个没有贫困、共同发展的人类命运共同体"为主题，中国为世界减贫行动提供了中国智慧和中国方案。

中国梦包括人权梦，正如习近平总书记所强调的："中国人民实现中华民族伟大复兴中国梦的过程，本质上就是实现社会公平正义和不断推动人权事业发展的进程"。党的十九大描绘了中国发展的宏伟蓝图，必将有力推动中国人权事业发展走向新的辉煌。

指点迷津

1.宪法规定,国家尊重和保障人权。在我国首要的人权是什么?

党和国家一再强调生存权和发展权是首要的人权。生存权和发展权是享有其他人权的基础,没有生存权和发展权,其他一切人权均无从谈起。

2.为什么把生存权和发展权作为我国首要的基本人权?

第一,生存权和发展权是其他人权实现的基本前提。人的生命存在与人身安全没有保障,就意味着人的生存权随时都有被非法剥夺的危险。只有生存权和发展权得到保障,我们每位公民才有条件行使经济权利、政治权利、文化权利和社会权利等。

第二,生存权和发展权是首要人权的观点,符合广大发展中国家的历史与现状,符合发展中国家人民的要求。从历史上看,争取国家和民族的独立与生存,是广大发展中国家人民首先必须解决的人权问题。没有生存权,任何人权均无从谈起。从现实看,一方面,殖民主义、霸权主义、种族主义至今仍然十分猖獗,威胁着发展中国家的独立与生存;另一方面,长期的殖民统治和新殖民主义的经济剥削给发展中国家造成的饥饿、贫困和落后,仍然威胁着发展中国家人民的生存。因此,建立公正合理的国际政治经济新秩序,维护和实现生存权、发展权,仍然是广大发展中国家在人权方面的首要任务。

法治广角

尽管我国在人权事业上取得了巨大的进步和发展,但少部分国家仍指责中国的人权状况。对这个问题,你怎么看?

美国国务院报告指责中国人权状况　外交部回应

新华社北京2018年4月23日电(记者闫子敏)　美国国务院近日发表"2017年度国别人权报告",涉华部分再次指责中国人权状况,对此,外交部发言人陆慷23日表示,试图通过这种方式干涉中国内政、影响中国发展,过去是徒劳的,今后也没有成功的可能。

陆慷表示,中国政府高度重视保护和促进人权。新中国成立以来,特别是改革开放40年来,中国人权事业取得了历史性进步,这一点,中国人民最有发言权。

中国是法治国家。美国和其他少数国家借口人权问题公开指责中国,不仅严重干涉中国内政和司法主权,而且违背法治精神,中方坚决反对,绝不接受。"鞋子合不合适,只有脚知道"。中国人权状况如何,中国人民最有发言权。

美国对世界许多国家的人权状况评头论足,而偏偏对自己糟糕的人权记录视而不见。有哲人说过"世界上没有两片完全相同的树叶"。世界上没有放之四海而皆准的统一的人权发展的模式。各国有权根据本国国情,从实际需要出发,从人民的需求出发,推进人权事业的发展。

达人舞台

一、单项选择题

1. "国家尊重和保障人权"其中最首要的人权是( )。

A. 生命健康权   B. 人身权

C. 生存权、发展权   D. 人格权

2. "国家尊重和保障人权"对人权最主要、最有效的保障是( )。

A. 法律保障   B. 社会保障   C. 学校保障   D. 家庭保障

3. 国家尊重和保障公民的( )。

A. 言论完全自由   B. 宗教信仰自由   C. 人身基本自由   D. 通信完全自由

4. 国家能否对公民基本权利进行限制?( )

A. 能,国家可以随意限制

B. 能,宪法规定国家可以进行正当限制

C. 不能,宪法规定国家尊重和保障人权

D. 不能,基本权利是公民最起码、必不可少的权利

二、判断题(请在正确题目后的括号内打"√",错误题目后的括号内打"×")

1. 2004年宪法修正案,明确将"国家尊重和保障人权"写入宪法。( )

2. 我国人权的主体包括我国公民,但不包括外国人。( )

3. 选举权和被选举权等政治权利是由宪法赋予的。( )

4. 人权中的人身自由属于社会权利。( )

5. 社会权利需要政府履行积极保障义务。( )

三、辨析与实践

请从"尊重和保障人权"的角度谈谈推进义务教育均衡发展的必要性。

第十课 宪法保障公民的基本权利

任何公民享有宪法和法律规定的权利,同时必须履行宪法和法律规定的义务。

——《中华人民共和国宪法》第三十三条第四款

中华人民共和国公民在行使自由和权利的时候,不得损害国家的、社会的、集体的利益和其他公民的合法的自由和权利。

——《中华人民共和国宪法》第五十一条

法治讲堂

一、宪法规定公民基本权利

公民的基本权利,是指由宪法规定的公民享有的主要的、必不可少的权利。公民的基本权利具有以下特点:

1.公民基本权利具有广泛性

权利的主体广泛。在我国,全体公民都是享有权利的主体。宪法规定,凡具有中华人民共和国国籍的人都是中华人民共和国公民,任何公民都享有宪法和法律规定的权利。

权利的内容广泛。我国公民享有权利和自由的范围很广,包括政治、经济、文化、社会等各个领域。宪法不仅在第二章中专门规定公民的各项基本权利,而且在总纲和国家机构的有关条文中确认公民享有其他方面的宪法基本权利,如财产所有权、继承权、民主管理权、被告人获得辩护权等。而

且,随着国家政治、经济、文化建设的发展公民权利还在不断扩充。

2.公民基本权利具有平等性

权利主体法律地位平等。我国宪法第三十三条第二款规定:"中华人民共和国公民在法律面前一律平等。"

任何公民不分民族、种族、性别、家庭出身、职业、宗教信仰、教育程度、财产状况和职位高低,都平等地享有宪法和法律规定的权利和义务,不允许任何组织和个人享有宪法和法律规定以外的特权。

3.公民基本权利具有真实性

宪法以我国现阶段各方面发展实际水平为基础,实事求是地确定公民权利和义务的内容、范围,也规定了一些具体措施来保障公民权利的实现。

二、宪法保障公民的权利

1.宪法为公权力的行使划定了界限

"公权力姓公,也必须为公"。公权力是人民赋予的,必须用来为人民谋利益,公民权利的边界就是公权力止步的地方。在限制公权力方面,宪法发挥着重要作用。宪法规定了国家机关的组织和运行规则,并为公权力设置了多种有效的监督机制。

2018年3月11日下午,第十三届全国人民代表大会第一次会议通过的宪法修正案在"国家机构"一章中,专门增写"监察委员会"一节,确立了监察委员会作为国家机构的法律地位。各级监察委员行使国家监察权,对所有行使公权力的公职人员进行监察,维护宪法和法律的权威。

2.宪法确定了公权力机关对公民权利的积极保障义务

有权必有责,宪法不但禁止公权力机关侵犯公民的权利,而且规定其应当履行对公民权利的积极保障义务。

王心是陕西省渭南市华州区恒辉公司的一名员工,日常工作中与行政部门打交道最多。他告诉记者:"过去光发改、规划、城建这几个部门,我要跑十几趟,而且一个部门审批不完另一个部门不给审。现在我只需去一个局,所有事就办完了,加之电子政务平台的建设,可以一套资料基本管到底,办事时间也大大缩短了。"

如今,在渭南市华州区,行政审批"一枚印章管到底"、手机扫码"知权力明服务"、"零见面"企业登记、固定终端查询机让群众办事"心中有数"……

智慧政务的大力推进,不仅实现了政务公开流程的规范化、内容的标准化和模式的常态化,更让传统的"群众跑路"变为"信息跑路","群众四处找"变为"部门协同办",真正做到了惠及民生。

"把麻烦留给政府,将便利带给群众",打造阳光政府、法治政府、服务型政府,公民感受到的是国家权力机关履行对公民权利的积极保障义务。

3.公民行使基本权利有边界

任何权利都是有边界的。公民行使基本权利不能超越一定的界限,不能滥用权利。一旦突破权利的边界,就应当承担相应的法律责任。宪法第五十一条规定:"中华人民共和国公民在行使自由和权利的时候,不得损害国家的、社会的、集体的利益和其他公民的合法自由和权利。"

2018年8月,广西南宁吴圩国际机场,一名女乘客因为买错了机票,想让工作人员帮其调换至另一航班无果。于是该名女子在机场大吵大闹,竟然谎称飞机上有炸弹。工作人员立即报警并检查已经登机的乘客和乘客的行李,后经确认没有炸弹。该女子因虚构事实扰乱公共秩序,被警方处以行政拘留5日的行政处罚。

指点迷津

1.什么是限制公民基本权利?

限制基本权利是指确定公民基本权利的范围,为公民权利的行使设定一定的边界,公民行使权利超过边界则构成权利的滥用。

2.为什么要限制公民基本权利?

宪法第五十一条规定:"中华人民共和国公民在行使自由和权利的时候,不得损害国家的、社会的、集体的利益和其他公民的合法的自由和权利。"这一规定是对公民行使自由和权利总的限制性规定,也表明了限制公民基本权利的基本目标,即维护社会秩序、保障国家安全、维护公共利益。

3.限制公民基本权利主要包括哪些内容?

(1)剥夺一部分主体的基本权利。如剥夺政治权利等。

(2)停止行使某种基本权利。出于某种原因,对主体活动加以暂时性的限制,当条件恢复时再准予其行使,如行政拘留等。

(3)对特殊主体的活动进行限制。如对国家工作人员进行监督等。

法治广角

依法维权的途径

在国庆长假出游途中，小军爸爸驾驶的车不小心与前车发生追尾，导致前车尾部发生轻微变形，小军爸爸与前车车主协商约定赔付事宜，最后双方妥善解决了纠纷。

以上维权的办法是协商。协商是一种快速、简便的争议解决方式。当事人在自愿、互谅的基础上，依据法律，通过直接对话，摆事实、讲道理，分清责任，达成协议，使纠纷得以解决。协商是日常生活中大量权益争议的解决方式，生活中常见的消费、劳动争议、交通事故纠纷等都可以采用此方法来解决。除协商之外，还有调解、仲裁、诉讼等维权方式。

调解，是指调解人以国家法律法规和政策以及社会公德为依据，对纠纷双方进行疏导、劝说，促使双方相互谅解，进行协商，自愿达成协议，解决纠纷。

仲裁，是指由双方当事人协议将争议提交（具有公认地位的）第三者，由该第三者对争议的是非曲直进行评判并作出裁决的一种解决争议的方法。

诉讼，指纠纷当事人通过向具有管辖权的法院起诉另一方当事人解决纠纷的形式。以此依法维护自身合法权益。诉讼包括民事诉讼、刑事诉讼、行政诉讼。

总之，每个公民都应该树立正确的维权意识，通过正当的途径和方式维护自身权益。

达人舞台

一、单项选择题

1. 我国宪法规定："任何公民享有宪法和法律规定的权利，同时必须履行宪法和法律规定的义务。"这说明（   ）。

A.公民的权利和义务都是不能放弃的

B.我国公民的权利和义务是统一的

C.公民的权利和义务是同等重要的

D.公民的权利和义务是受国家法律保护的

2.法律面前人人平等,体现了宪法的(　　)。

A.平等权　　　　　　　　　　B.广泛性

C.真实性　　　　　　　　　　D.公民的权利和义务的统一性

3.拆阅邮件或者窃听公民的电话等通讯内容的行为侵犯了公民的下列哪项权利?(　　)

A.隐私权　　　　B.人格权　　　　C.通信自由　　　　D.通信秘密

4.小明的爸爸向环保部门反映学校周边的环境污染问题,他行使的权利是(　　)。

A.选择权　　　　B.知情权　　　　C.监督权　　　　D.受教育权

二、判断题(请在正确题目后的括号内打"√",错误题目后的括号内打"×")

1.中华人民共和国一切权利属于全体公民。(　　)

2.受教育权既是权利,又是义务。(　　)

3.中华人民共和国公民有劳动的权利和义务。(　　)

4.我国公民对任何国家机关和国家工作人员有提出批评和建议的权利。(　　)

三、辨析与实践

国家为什么要从制度上保障不让任何一个学生因家庭贫困而失学?

第十一课 宪法规定公民的基本义务

任何公民享有宪法和法律规定的权利,同时必须履行宪法和法律规定的义务。

——《中华人民共和国宪法》第三十三条第四款

法治讲堂

一、宪法规定公民基本义务

公民的基本义务也称"宪法义务",是指由宪法规定的公民必须遵守和应尽的基本责任。根据我国宪法的规定,我国公民的基本义务主要有(见下图):

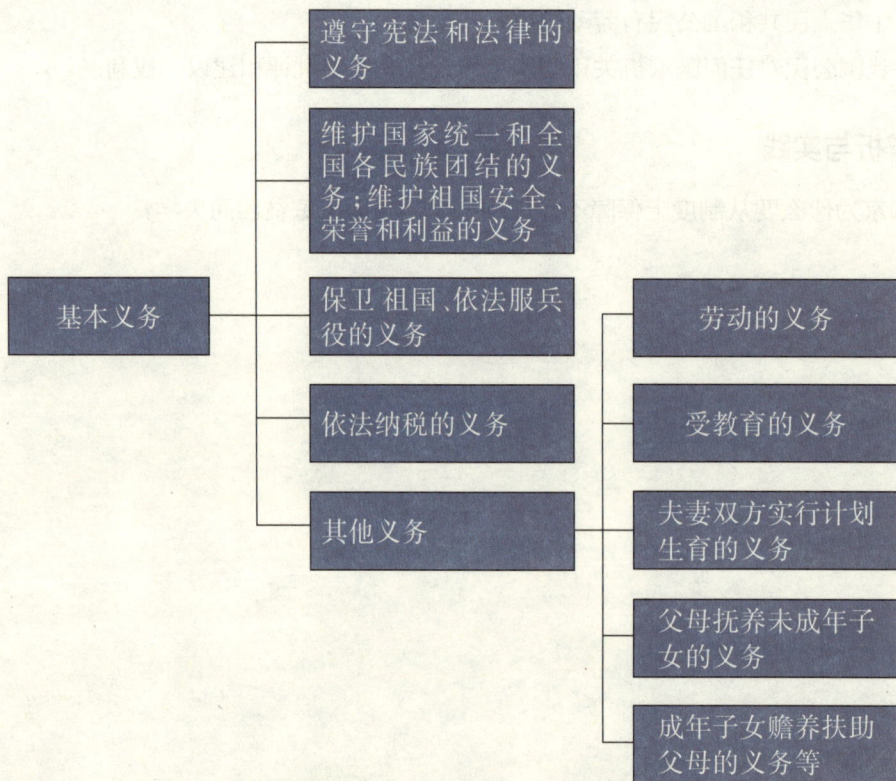

```
                    ┌── 遵守宪法和法律的
                    │    义务
                    │
                    │    维护国家统一和全
                    ├── 国各民族团结的义
                    │    务;维护祖国安全、
                    │    荣誉和利益的义务
                    │
  基本义务 ─────────┤    保卫祖国、依法服兵 ─── 劳动的义务
                    ├── 役的义务
                    │                    ─── 受教育的义务
                    │
                    ├── 依法纳税的义务        夫妻双方实行计划
                    │                    ─── 生育的义务
                    │
                    └── 其他义务          ─── 父母抚养未成年子
                                              女的义务

                                         ─── 成年子女赡养扶助
                                              父母的义务等
```

图1 我国公民的基本义务

二、我国公民的基本义务

1.遵守宪法和法律的义务

宪法第五十三条规定："中华人民共和国公民必须遵守宪法和法律,保守国家秘密,爱护公共财产,遵守劳动纪律,遵守公共秩序,尊重社会公德。"我国宪法和法律是全国各族人民意志和利益的集中体现,维护宪法和法律尊严是公民对国家和社会应尽的职责。

2018年9月19日,在永州到深圳北G6078次高铁上,女性乘客周某不对号入座,而是坐到了靠窗的座位,当列车工作人员协调座位时,周某态度恶劣,拒不配合……

周某的行为被相关部门认定为"扰乱公共交通工具上的秩序"的违反治安管理行为,周某被处以罚款200元的行政处罚。9月20日,铁路客运部门根据《关于在一定期限内适当限制特定严重失信人乘坐火车推动社会信用体系建设的意见》的规定,在铁路征信体系中记录了9月19日G6078次列车旅客周某的信息,并在一定期限内限制其购票乘坐火车。该旅客将自公示期满无有效异议之日起,180日内无法购买火车票。

法律既是保障公民自身权利的有力武器,也是公民必须遵守的行为规范,每位公民都应自觉尊法、学法、守法、用法,共同营造守法光荣、违法可耻的社会氛围,这是建设法治社会大厦的基石。

2.维护国家利益的义务

宪法第五十二条规定："中华人民共和国公民有维护国家统一和全国各民族团结的义务。"宪法第五十四条规定："中华人民共和国公民有维护祖国的安全、荣誉和利益的义务,不得有危害祖国的安全、荣誉和利益的行为。"

有国才有家,维护国家利益是每位公民义不容辞的责任。每位公民都应当把自己的命运与国家兴衰、民族兴亡联系在一起,自觉维护国家领土的完整和主权的统一,维护民族之间的团结与和谐,维护国家安全、荣誉和利益。

3.保卫祖国、依法服兵役的义务

宪法第五十五条规定："保卫祖国、抵抗侵略是中华人民共和国每一个公民的神圣职责。依照法律服兵役和参加民兵组织是中华人民共和国公民的光荣义务。"

甘某某,男,1998年2月出生,2017年9月经体检、政治考核双合格后,被县征兵办批准入伍到某消防队服役。2017年11月,甘某某进入集训队第二阶段训练后,服役态度不端正,工作不积极,组织纪律性差,坚持要求退出现役,最后被部队除名。甘某某的行为违反了《中华人民共和国兵役法》,已构成拒服兵役的违法行为,在军队和地方造成了恶劣影响,相关部门决定对甘某某作出如下处罚:

①处罚款人民币1万元整,罚款上缴县财政,列入民政优抚安置款项,如当事人拒不执行,移交县人民法院强制执行;

②三年内任何机关、团体、事业、企业单位不得录(聘)用;

③公安机关在其户籍信息系统"兵役状况"栏永久标注"拒服兵役"字样并列入违法人员黑名单,且两年内不得为其办理出国(境)手续;

④两年内不得参加普通高等院校招生考试;

⑤三年内工商行政管理部门不得为其办理工商营业执照;

⑥三年内金融社保部门禁止向其提供各种贷款业务;

⑦作为严重失信行为纳入个人信用记录;

……

依法服兵役是中华人民共和国公民的光荣义务,一旦应征入伍,就必须按照国家规定服兵役。拒服兵役,就会受到法律的惩处。

4.依法纳税的义务

税收是国家财政收入的主要来源,宪法第五十六条规定:"中华人民共和国公民有依照法律纳税的义务。"

纳税光荣!偷税、欠税、骗税、抗税可耻。目前,我国已经制定或修改了《中华人民共和国税收征收管理法》以及《中华人民共和国个人所得税法》等法律,这些法律对公民的纳税义务以及违反义务应承担的法律责任作了明确的规定。

5.其他义务

我国宪法还规定了公民应履行的其他义务,包括劳动的义务、受教育的义务、父母抚养未成年子女的义务和成年子女赡养扶助父母的义务等。根据我国宪法规定,劳动和受教育既是公民的权利,也是公民的义务。

指点迷津

在生活中,有的人只想享受权利,而不愿履行义务。马克思说:"没有无义务的权利,也没有无权利的义务。"你如何理解这句话? 如何看待权利与义务的关系?

1.权利与义务在法律关系上是相对应而存在的,公民既是合法权利的享有者,又是法定义务的承担者,既是权利的主体,又是义务的主体。

2.权利的实现以义务的履行为基础,义务的履行促进权利的实现。公民权利的充分实现,可以激发公民的主人翁意识,调动其履行义务的积极性和主动性。反过来,公民自觉履行义务,又为其权利的实现提供和创造更好的条件。

3.任何公民不能只享受权利而不承担义务,也不应只承担义务而不享受权利。一方面,公民要树立权利意识,珍惜公民权利;另一方面,公民也要树立义务意识,自觉履行公民义务。

法治广角

正确看待法律义务

张恒山

增强法治观念,关键要使尊法守法成为全体人民的共同追求和自觉行动,在全社会形成一种崇尚法律的文化氛围。换言之,就是要在社会成员心中牢固树立自觉依法办事、运用法治思维解决矛盾、认可并履行法律义务的观念,从而依照法律来判断应不应当作出某种行为,并见之于行动。形成这样的文化氛围,要求人们除了正确认识法律权利,还要正确认识法律义务。正确认识法律义务,能够促进人们形成遵守规则、崇尚法律的观念和情感,进而在全社会形成法治风尚。

改革开放以来,我国法学界深入开展法律权利研究,权利成为法学各个分支学科的关键词,法律以权利为本位的观念逐渐流行。但与此同时,一些人放松了对义务的认真思考和严肃探讨。有人认为,义务是国家法律规定施加于义务人的负担和不利。这样的思想传播于社会,在一定程度上导致人们对义务缺乏好感或不屑一顾。这种对法律义务的负面认知是不准确的。在我国,法律是人民行使立法权形成的明确规范,法律义务就是人民作为国家主人经由自己选举产生的人大代表立法而形成的自我约束。因此,从法理上说,法律义务理应为每个公民所自觉遵守和履行。

此外,对权利与义务的关系也不能割裂开理解。从法理上看,权利来源要具有正当性,这种正当性在一个社会中就体现为实现自身权利不得损害他人权利。个体的行为符合"不得损他"这一标准,才会被社会认为"正当",即享有"权利"。换言之,法律赋予权利的同时也就预设了对义务的尊重和履行。任何人都不能离开义务主张自己的权利。无论从理论看还是从实践看,不尊重和履行义务就会丧失享有权利的资格。在强调实现和维护权利的同时,重视履行作为其前提的义务,这样的法治观念才是平衡的。

——节选自《人民日报》2018年12月3日

达人舞台

一、单项选择题

1.下列属于我国公民基本义务的有( )。

A.选举

B.批评、建议、申诉、控告、检举

C.维护国家统一和全国各民族团结

D.妇女权益受到国家保护

2.遵守宪法和法律是公民的基本义务,这要求我们( )。

①忠于宪法,维护宪法尊严,保障宪法实施

②保守国家秘密,爱护公共财产,遵守劳动纪律

③以法律来指导和约束自己的行为,做到依法办事

④自觉学习法律知识,了解法律程序规定

A.①②③④　　　　B.①②③　　　　C.②③④　　　　D.①③④

3.一边是云集了世界所有高手、奖金丰厚的英国联盟杯赛和英国锦标赛,一边是夺冠几无悬念的亚运会,丁俊晖牺牲了前者,最终决定参加多哈亚运会并再次夺取冠军。丁俊晖以实际行动履行了(　　)。

A.遵守宪法和法律的基本义务　　　　　B.依法服兵役的义务

C.依法纳税的义务　　　　　　　　　　D.维护国家利益的义务

4.下列关于依法纳税的说法错误的是(　　)。

A.税收取之于民,用之于民　　　　　　B.税收关系你我他

C.我们还是学生,税收与我们无关　　　D.依法纳税是公民的一项基本义务

5.我国是一个多民族国家,加强民族团结(　　)。

①有利于国家的长治久安

②有利于促进国家的繁荣昌盛

③有利于推动各民族共同发展

④有利于消除各民族之间发展水平的差距

A.①②③　　　　　B.①②③④　　　　　C.②③④　　　　　D.①③④

二、判断题(请在正确题目后的括号内打"√",错误题目后的括号内打"×")

1.女孩子可以不服兵役。(　　)

2.自觉遵守公共秩序既是一项法律义务,也是一种道德要求。(　　)

3.有严重残疾和生理缺陷的公民可以免服兵役。(　　)

4.爸爸买彩票中奖所得,可以不交纳个人所得税。(　　)

5.劳动既是权利也是义务。(　　)

三、辨析与实践

西塞罗曾说:在人生的每一个阶段,我们无论是对社会还是对个人,都要承担一定的义务。你如何看待这句话?

第四专题　国家机构

第十二课　人民行使权力的机关
——人民代表大会

中华人民共和国的一切权力属于人民。人民行使国家权力的机关是全国人民代表大会和地方各级人民代表大会。人民依照法律规定，通过各种途径和形式，管理国家事务，管理经济和文化事业，管理社会事务。

——《中华人民共和国宪法》第二条

中华人民共和国全国人民代表大会是最高国家权力机关。它的常设机关是全国人民代表大会常务委员会。

——《中华人民共和国宪法》第五十七条

法治讲堂

一、人民代表大会的产生

1954年9月，第一届全国人民代表大会第一次会议通过了我国第一部宪法。这部宪法明确规定：中华人民共和国的一切权力属于人民，人民行使国家权力的机关是全国人民代表大会和地方各级人民代表大会。至此，我国的人民代表大会制度以根本法的形式正式确立。

我国宪法规定，中华人民共和国的一切权力属于人民，人民行使国家权力的机关是全国人民代表大会和地方各级人民代表大会。全国人民代表大会和地方各级人民代表大会都由民主选举产生，对人民负责，受人民监督。民主选举的方式有两种：直接选举和间接选举。

全国人大代表、省级人大代表和设区的市级人大代表都分别由下一级人民代表大会选举产生,代表候选人获得法定的选票即获得该级人民代表大会全体组成人员过半数的选票,始得当选。

全国人民代表大会每届任期五年,任期届满的两个月以前,全国人民代表大会常务委员会必须完成下届代表的选举。全国人民代表大会由省、自治区、直辖市、特别行政区和军队选出的代表组成。

省、自治区、直辖市、设区的市的人民代表大会代表由下一级人民代表大会选举。县、不设区的市、市辖区、乡、民族乡、镇的人民代表大会代表由选民直接选举。

二、人民代表大会的性质、地位

全国人民代表大会是我国最高国家权力机关,代表全国人民统一行使国家权力。地方各级人民代表大会是地方国家权力机关。它是本行政区域内人民行使国家权力的机关。

国家行政机关、监察机关、审判机关、检察机关都由人民代表大会产生,对它负责,受它监督(见下图)。

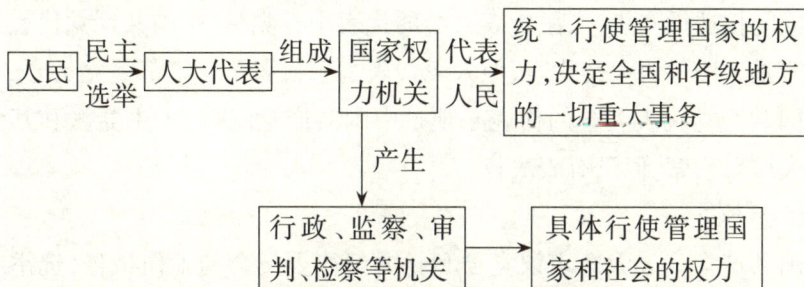

人民 →民主选举→ 人大代表 →组成→ 国家权力机关 →代表人民→ 统一行使管理国家的权力,决定全国和各级地方的一切重大事务

国家权力机关 →产生→ 行政、监察、审判、检察等机关 → 具体行使管理国家和社会的权力

图2　我国国家机关的产生

三、人民代表大会的职权

根据宪法规定,人民代表大会的主要职权有:

立法权:全国人民代表大会和全国人民代表大会常务委员会行使国家立法权,省、自治区、直辖市以及设区的市、自治州、自治县的人民代表大会及其常务委员会根据本行政区域的具体情况和实际需要,依照宪法和法律行使地方立法权。

决定权:各级人民代表大会和县级以上各级人民代表大会常务委员会依照宪法和法律行使重大事项决定权。

任免权:各级人民代表大会及其常务委员会依据宪法和法律享有对相关国家机关领导人员及其他组成人员进行选举、决定、罢免的权力。

监督权:全国人民代表大会及常务委员会有权监督宪法和法律的实施,县级以上人民代表大会及其常务委员会有权监督本级国家行政机关、监察机关、审判机关、检察机关的工作。

指点迷津

人民代表大会和中国共产党代表大会的主要区别是什么?

一般讲,人民代表大会一年开一次,中国共产党代表大会每五年举行一次。

1.代表来源不同

人民代表大会的代表来源更为广泛,是代表中国全体公民的一个群体,由直接选举或间接选举产生,人民代表大会的代表中有党员,中国共产党代表大会代表也可能是人民代表大会代表,但人民代表大会代表不一定都是党员。

中国共产党代表大会的代表必须是中国共产党党员,民主党派和其他社会团体代表可以列席,但没有表决权。

2.职责不同

中国共产党代表大会审议党委和党的纪律委员会的工作报告,选举新的党委、纪律检查委员会的组成人员等,中国共产党代表大会主要是解决党内问题。

人民代表大会享有相应的立法权、决定权、任免权、监督权等。

全国人民代表大会是国家最高权力机关,中国共产党全国代表大会是党内决策机构。

法治广角

"人民选我当代表，我当代表为人民。"人民代表从群众中来，是人民利益的代言人。

发挥专业技能优势

张某某是2018年重庆市渝中区人民代表大会代表，具有专业的医学知识。他为增强社区居民自我保健意识，平均每季度举办一次健康知识讲座，还带领着医院的工作人员定期或不定期开展义诊，上门为社区居民提供更多便民医疗服务。

人民代表大会代表人民的利益和意志，依法行使代表职权，积极履行代表义务，充分发挥代表作用，为人民办事，为人民服务。

关心人民群众的切身问题

张某某还加强与社区居民的联系，及时了解群众生活中的问题和要求：

比如社区存在大量建筑垃圾，影响了周边居民的生活环境。

社区的幼儿园操场旁边有一堵墙，由于墙体年代久远，存在安全隐患……他把出现的问题积极向有关部门反映，督促政府有关部门解决落实。

人大代表就要想群众所想，急群众所急，为民请愿，做好政府与群众直接沟通的桥梁和纽带。

人大代表作为人民的代言人应广泛听取和反映人民群众的意见和建议，真实反映群众意愿，更好地发挥代表在了解民情、反映民意、集中民智方面的独特作用，努力做到民有所呼、我有所应，使人民代表大会及其常务委员会真正成为同人民群众保持密切联系的代表机关，为人民谋利益、谋幸福。

达人舞台
C

一、单项选择题

1. "人大代表人民选,人大代表为人民。"这说明,在我国,人大代表(　　)。
①为人民服务,对人民负责　　②是代表人民行使权力的"使者"
③都是由人民直接选举产生　　④要倾听民意、反映民情
A. ①②③　　　　　B. ①②④　　　　　C. ①③④　　　　　D. ②③④

2. 县级以上的地方各级人民代表大会换届选举本级国家机关领导人员时,提名、酝酿候选人的时间不得少于(　　)。
A. 半天　　　　　B. 一天　　　　　C. 一天半　　　　　D. 两天

3. 人民代表大会制度的关键是(　　)。
A. 国家的一切权力属于人民
B. 选民民主选举代表
C. 以人民代表大会为基础建立全部国家机构
D. 对人民负责、受人民监督

4. 下列不属于暂时停止代表执行代表职务的是(　　)。
A. 因刑事案被羁押正受侦查的　　　　　B. 因刑事案被羁押正受起诉的
C. 因刑事案被羁押正受审判的　　　　　D. 因病正住院治疗的

5. 我国的人民民主专政和人民代表大会制度的核心内容是坚持(　　)。
A. 共产党领导　　　　　B. 一切权力属于人民
C. 四项基本原则　　　　　D. 以工农联盟为基础

6. 十九届全国人大二次会议通过了《关于2018年国民经济和社会发展计划执行情况与2018年国民经济和社会发展计划的决议》。这说明全国人大拥有(　　)。
A. 最高立法权　　　B. 最高监督权　　　C. 最高决定权　　　D. 最高任免权

二、判断题(请在正确题目后的括号内打"√",错误题目后的括号内打"×")

1. 在我国,既然人民是国家的主人,因此,人民就应直接行使国家权力。(　　)

2. 全国人民代表大会每届任期三年。(　　)

3. 我国的地方人大既是权力机关,也是立法机关。(　　)

4. 法律由全国人民代表大会以全体代表的三分之二以上的多数通过。(　　)

5. 人大代表主要享有选举权、审议权和表决权等权利。( )

6. 人大代表有权提出意见并直接处理问题。( )

7. 原选举单位有权依照法律规定的程序罢免本单位选出的代表。( )

8. 国务院是最高国家权力机关。( )

三、辨析与实践

我国国家机构由哪些国家机关组成？同学们对此问题展开了激烈的讨论。

同学A：我国国家机构包括全国人民代表大会及其常务委员会、地方各级人民代表大会……

同学B：我国国家机构包括国务院和地方各级人民政府，最高人民法院、地方各级人民法院……

以上同学的说法正确吗？请谈谈你的看法。

第十三课　国家行政机关
——国务院及各级人民政府

中华人民共和国国务院，即中央人民政府，是最高国家权力机关的执行机关，是最高国家行政机关。

——《中华人民共和国宪法》第八十五条

地方各级人民政府是地方各级国家权力机关的执行机关，是地方各级国家行政机关。地方各级人民政府实行省长、市长、县长、区长、乡长、镇长负责制。

——《中华人民共和国宪法》第一百零五条

法治讲堂

一、我国行政机关的含义及宗旨

我国行政机关是依据宪法设立的，依法行使国家行政职权，组织和管理国家行政事务的国家机关。

国家行政机关包括最高国家行政机关和地方各级国家行政机关。宪法第八十五条规定："中华人民共和国国务院，即中央人民政府，是最高国家权力机关的执行机关，是最高国家行政机关。"宪法第一百零五条第一款规定："地方各级人民政府是地方各级国家权力机关的执行机关，是地方各级国家行政机关。"

"政务专递，免费寄递"。走进东城街道综合服务中心，每台电脑的显示屏都有温馨提醒，办事市民可享免费"政务专递"便民服务。2018年1月2日起，广东省东莞东城政务服务中心推出"政务专递"便民服务，实行办理结果包邮服务，实现群众到政府办事"最多跑一次"。

实现群众到政府办事"最多跑一次"体现了政府的宗旨是为人民服务，政府的工作要对人民负责，为人民谋利益。人民是国家的主人，行政机关的权力来自人民的授予。行政机关必须全心全意为人民服务,以实现社会公共利益的最大化。

二、我国行政机关的职权

行政机关是国家权力机关的执行机关,负责贯彻执行国家权力机关通过的有关法律、决议和决定。

根据宪法第八十九条规定,国务院主要行使下列职权:根据宪法和法律,规定行政措施,制定行政法规,发布决定和命令;向全国人民代表大会或者全国人民代表大会常务委员会提出议案;规定各部和各委员会的任务和职责,统一领导各部和各委员会的工作,并且领导不属于各部和各委员会的全国性的行政工作;统一领导全国地方各级国家行政机关的工作,规定中央和省、自治区、直辖市的国家行政机关的职权的具体划分;编制和执行国民经济和社会发展计划和国家预算;领导和管理经济工作和城乡建设;领导和管理教育、科学、文化、卫生、体育和计划生育工作;领导和管理民政、公安、司法行政等工作;管理对外事务,同外国缔结条约和协定;领导和管理国防建设事业;等等。

根据宪法,我国县级以上地方各级人民政府依照法律规定的权限,管理本行政区域内的经济、教育、科学、文化、卫生、体育事业、城乡建设事业和财政、民政、公安、民族事务、司法行政、计划生育等行政工作,发布决定和命令,任免、培训、考核和奖惩行政工作人员。

三、新时期的法治政府

法治政府是指政府在行使权力和履行职责过程中坚持法治原则,严格依法行政,政府的各项权力都在法治轨道上运行。

建设新时代法治政府,必须全面推进依法行政,严格规范公正文明执法;转变政府职能,深化简政放权,创新监管方式;增强政府公信力和执行力,建设人民满意的服务型政府。

依法行政是现代法治政府行使权力普遍奉行的基本准则,要求政府及其工

作人员在行使行政权力、管理公共事务时必须由宪法和法律授权,并且依据宪法和法律的规定正确行使权力。依法行政的核心是规范政府的行政权。建设法治政府,必须依法行政,防范行政权力的滥用,维护广大人民群众的合法权益,提高政府公信力。

指点迷津

如何理解行政机关与权力机关的关系?

1.我国的一切权力属于人民,广大人民通过直接或者间接的方式选出代表,由他们组成各级人民代表大会,人民代表大会是国家权力机关。行政机关是依据宪法设立的,依法行使国家行政职权,组织和管理国家行政事务的国家机关。

2.国家权力机关在国家机构中居于主导地位。国家行政机关、监察机关、审判机关、检察机关都由国家权力机关产生,对它负责、受它监督。

3.国家行政机关是国家权力机关的执行机关,负责贯彻执行国家权力机关通过的有关法律、决议和决定。

法治广角

有权不可任性

"大道至简,有权不可任性。"行政机关要坚持法定职责必须为、法无授权不可为,勇于负责、敢于担当,坚决纠正不作为、乱作为,坚决克服懒政、怠政。

2015年1月10日,江西省崇义县某小学校长刘某某带着妻子、女儿前往湖南省汝城县热水福泉山庄旅游,共支出泡澡费、餐费、燃油费、过路费共计1000多元。于是打起了"校园考察"的如意算盘,1月12日,刘某某填好一张去热水中心小学考察校园文化和校园建设的差旅单,之后刘某某将报销的1820元装进了自己腰包。6月19日,该县纪委启动调查程序,查实刘某某违纪事实,将刘某某公款旅游问题进行全县通报,并给予刘某某党内警告处分,追缴其违规报销的1820元费用。

把权力关在制度的"笼子"里

党的十八大以来,中央坚持"老虎""苍蝇"一起打。

2018年1月22日,中央政法工作会议在北京召开,记者从会上获悉,党的十八大以来,依法惩治腐败取得了新成绩。把依法惩治腐败作为重大政治任务,依法查处职务犯罪约25万人,依法处理发生在群众身边的"蝇贪""微腐败"近10万人。

中央把惩治腐败作为重大政治任务,彰显了党中央全面从严治党、依法惩治腐败的鲜明态度和坚定决心。

腐败的背后其实是权力寻租,权力滥用甚至失控,最终将导致市场秩序混乱失序,极大地破坏了市场经济发展应有的平等与竞争秩序。反腐败打掉的是贪官,扎紧的是制度笼子,强化的是监督公权力,这些都有利于推动形成公平、有序的市场竞争。要健全权力运行制约和监督体系,实现有权必有责,用权受监督,失职要问责,违法要追究,保证人民赋予的权力始终用来为人民谋利益。

达人舞台

一、单项选择题

1. 我国行政机关由( )及其领导的地方各级人民政府组成。

A. 中共中央　　　　B. 全国人大　　　　C. 国务院　　　　D. 中央军委

2. 依法行政,就是要求( )。

①各级党组织要科学执政、民主执政和依法行政

②各级行政机关及其工作人员必须严格依法行使行政权力

③各级行政机关及其工作人员坚持法定职责必须为,法无授权不可为

④各级司法机关必须严格执法、公正司法

A.①②　　　　　B.②④　　　　　C.①③　　　　　D.②③

3.行政机关在行使职权时应严格遵守宪法和法律,坚持( )。

A.依法治国　　　B.依法行政　　　C.以德行政　　　D.以德治国

4.下列关于国家行政机关的说法正确的是( )。

A.各级国家行政机关都有权实施行政处罚

B.行政诉讼实行举证责任倒置原则,因此,行政机关在诉讼中承担全部举证责任

C.国家行政机关的公务员依法被判处刑罚的,给予开除处分

D.中央人民政府是最高权力机关

5.国务院公布养老"并轨"改革决定,破解养老"双轨"难题,逐步化解同类人员待遇差距拉大的矛盾,更好体现制度公平和规则公平。破解养老难题,体现了政府( )。

①为人民服务的宗旨　　　②履行加强社会建设的职能

③科学、民主、依法决策　　④作为国家权力机关依法行使权力

A.①③　　　　　B.②④　　　　　C.①②　　　　　D.③④

二、判断题(请在正确题目后的括号内打"√",错误题目后的括号内打"×")

1.地方各级人民政府实行省长、市长、县长、区长、乡长、镇长负责制。( )

2.中华人民共和国国务院,即中央人民政府,是最高国家权力机关的隶属机关。( )

3.我国行政机关及其工作人员的工作宗旨和行为准则是对人民负责,努力为人民服务。( )

4.行政机关在行政诉讼中,应当停止具体行政行为的执行。( )

5.行政机关作出行政许可决定依法需要听证的,申请人、利害关系人不承担任何行政机关的费用。( )

6.地方性法规效力高于规章效力。( )

7.在行政处罚听证会上,应当当场作出处罚决定。( )

三、辨析与实践

2017年上海市人力资源和社会保障局主动公开政府信息2160条。其中的主要内容包括2017年财务支出预算、一般公共预算支出功能分类预算、"三公经费"和机关运行经费预算等。

结合上述材料,说一说政府部门主动公开政府信息的意义。

第十四课　国家监察机关
——监察委员会

> 中华人民共和国各级监察委员会是国家的监察机关。
>
> ——《中华人民共和国宪法》第一百二十三条
>
> 中华人民共和国国家监察委员会是最高监察机关。国家监察委员会领导地方各级监察委员会的工作，上级监察委员会领导下级监察委员会的工作。
>
> ——《中华人民共和国宪法》第一百二十五条

法治讲堂

一、中国古代的监察机构

我国古代统治阶级建立了庞大的国家机构，为保证国家机构高效运转，监察机构应运而生。秦汉时期，中央设有御史大夫，负责监管百官，下设御史中丞及各类御史专掌监察。唐代御史台设台院、殿院和察院，监察中央与地方百官及内部事务，甚至设狱、审判。宋代谏官独立出来，拥有了监察权，不仅对皇帝的言行进行规劝，也弹劾监察百官。明清设都察院，为最高监察机构，监察中央和地方官吏。六科给事中则专门监察六部官员的行为。

二、我国监察机构的发展历程

1949年10月19日，中央人民政府成立了政务院人民监察委员会，后政务院改为国务院，人民监察委员会改为国家监察部。1959年监察部被撤销，1986年我国决定恢复并确立国家行政监察体制，设立中华人民共和国监察部。监察部作为国务院的下属部门，与地方监察局共同担负起对国家行政机关及其工作人员的监督工作。

2018年3月11日,第十三届全国人民代表大会第一次会议通过的《中华人民共和国宪法修正案》专门增写监察委员会一节,确立监察委员会作为国家机构的法律地位。本次会议表决通过的《中华人民共和国监察法》,是监察机关依法开展工作的基础。2018年3月23日,国家监察委员会在北京揭牌,标志着国家监察体制改革迈出了具有里程碑意义的一步。

三、监察委员会的性质和职能

监察委员会既不是行政机关,也不是司法机关,而是行使国家监察职能的专责机关,是实现党和国家自我监督的政治机关。我国宪法和监察法赋予监察委员会与政府、法院、检察院同等的政治地位,这有利于建立权威高效的国家监察体系,破解同级监督的难题。

监察委员会代表党和国家对所有行使公权力的公职人员进行监督。监察机关根据监督、调查结果,依法作出如下处置:对有职务违法行为但情节较轻的公职人员,按照管理权限,直接或者委托有关机关、人员,进行谈话提醒、批评教育、责令检查,或者予以诫勉;对违法的公职人员依照法定程序作出警告、记过、记大过、降级、撤职、开除等政务处分决定;对不履行或者不正确履行职责负有责任的领导人员,按照管理权限对其直接作出问责决定,或者向有权作出问责决定的机关提出问责建议;对涉嫌职务犯罪的,监察机关经调查认为犯罪事实清楚,证据确实、充分的,制作起诉意见书,连同案卷材料、证据一并移送人民检察院依法审查、提起公诉;对监察对象所在单位廉政建设和履行职责存在的问题等提出监察建议。

监察全覆盖

行使公权力的公职人员

2018年3月31日,国家监察委员会作出成立后的第一个处罚决定——给予陕西省原副省长冯新柱开除公职处分,收缴其违纪所得,并将其涉嫌犯罪问题、线索及所涉款物移送有关国家机关依法处理。2018年4月1日,国家监察委发布消息:贵州省委原常委、原副省长王晓光涉嫌严重违纪违法,正接受纪律审查和监察调查。

国家监察委员会成立不到10天,就认真履行职责严打了两只"大老虎",充分体现了党和国家坚持惩治腐败无禁区、零容忍的原则。

监察法实施后,监察委员会实现对公务员、企业管理人员、事业单位管理人员等所有行使公权力的公职人员实现全覆盖监察,"非党员""编外""协辅警"等这些身份都不是躲避监察的挡箭牌,只要行使公权力,都要受监察,只要涉嫌违法,都要依法被追究。

四、监察委员会反腐成效卓著

各级监察委员会坚定践行全面从严治党要求,坚决反对形式主义、官僚主义、享乐主义和奢靡之风,强化监督执纪问责工作,严查党员干部公款吃喝、违规收送礼品礼金、公款旅游、违规发放津贴补贴等行为,极大地涤清了社会风气,整饬了党风政风。

2018年,全国纪检监察机关共接受信访举报344万件次,处置问题线索166.7万件,谈话函询34.1万件次,立案63.8万件,处分62.1万人(其中党纪处分52.6万人)。处分省部级及以上干部51人,厅局级干部3500余人,县处级干部2.6万人,乡科级干部9.1万人,一般干部11.1万人,农村、企业等其他人员39万人。

指点迷津

谁来监督监察委员会?

国家在赋予监察委员会职权的同时,也制定了严格的监督机制,强化对监察权的监督制约。

一是党委监督。监察委员会必须坚持党的领导,在党委领导下开展工作。党委要定期召开反腐工作会,分析反腐形势、听取重大案件情况报告、做好反腐案件的审核把关,确保党对监察工作关键环节和重大问题的监督。

二是人大监督。监察委员会由本级人民代表大会产生,对本级人民代表大会及其常务委员会负责,并接受其监督。各级人大常委会可以听取和审议本级监察委员会的专项工作报告,并组织执法检查。人大代表或者常务委员会组成人员,可以依照法律规定的程序就监察工作中的有关问题提出询问或者质询。

三是司法监督。监察委员会调查的案件移送检察机关后,由检察机关依法采取强制措施、审查起诉;检察机关经审查后认为需要补充核实的,可以退回监察委员会补充调查或者自行补充侦查;对于证据不足、犯罪行为较轻,或者没有犯罪事实的,检察机关可以依法作出不起诉决定。这样形成的监察委员会调查、检察院起诉、法院审判的工作机制,体现了司法机关对监察委员会的监督。

四是人民群众监督。监察委员会应当依法公开监察工作信息,接受民主监督、社会监督、舆论监督。对监察委员会及其工作人员违反法律法规不依法履职和侵害被调查人合法权益等行为,人民群众可以依法通过检举控告、申诉等方式进行监督。

除了全面的外部监督,监察委员会还通过加强自身建设,完善内部控制制度,建立相互协调、相互制约的工作机制,不断强化自我监督,建设忠诚、干净、有担当的监察队伍。

法治广角

廉洁奉公,贵在自律

"惟公则生明,惟廉则生威。"我国的反腐工作不仅需要监察机关的监督,更需要所有公职人员的克己奉公,廉洁自律。

名垂青史的北宋大丞相包拯严于律己,一身正气。包拯六十大寿时,皇上派出司礼太监携御礼贺寿,同殿为臣的同乡好友张奎也奉礼前来祝贺,但包青天很不给"面子",一律拒收。包拯不但严格要求自己,还严格要求后代,他临死前嘱咐子女:"后世子孙仕官,有犯赃滥者,不得放归本家,亡殁之后,不得葬于大茔之中。不从吾志,非吾子孙。"

新时期共产党员的楷模孔繁森,也是一位一尘不染两袖清风的好干部。孔繁森经常帮助困难群众,扶贫济困时少则百十元钱,多则上千元,工资常常入不敷出,以致妻子探亲回家的路费、女儿上学的学费都要靠借……一位党和国家的中高级干部生活如此清贫,令人万分感动!

无论历史如何变迁,无论时代怎样发展,清正廉洁永远是时代的呼唤,勤政廉政永远是人民的期盼。公职人员要始终敬畏法纪,守住廉洁底线,自觉抵制诱惑,做一名恪尽职守、勤政为民的好公仆。普通民众除了自身要遵纪守法之外,更要积极同贪污腐败行为做斗争,及时向国家监察机关或司法机关等部门举报身边的贪腐行为。只有全国人民共同行动,编织出严密的反腐天网,凝聚起强大的反腐合力,才能形成风清气正的社会环境。

达人舞台

一、单项选择题

1. 中华人民共和国各级监察委员会是行使( )的专责机关。

A. 党和国家审查职能　　　　　　　B. 党和国家监察职能

C. 国家监察职能　　　　　　　　　D. 国家监督职能

2. 为了深化国家监察体制改革,加强对( )的监督,实现国家监察全面覆盖,深入开展反腐败工作,推进国家治理体系和治理能力现代化,根据宪法,制定《中华人民共和国监察法》。

A. 公务员　　　　　　　　　　　　B. 全体党员

C. 领导干部　　　　　　　　D. 所有行使公权力的公职人员

3. 地方各级监察委员会对（　　）负责，并接受其监督。

①全国人民代表大会　　　　②上一级监察委员会

③本级人民代表大会　　　　④本级人民代表大会常务委员会

A. ①②③　　　　B. ①②④　　　　C. ①③④　　　　D. ②③④

4. 监察机关办理职务违法和职务犯罪案件，应当与审判机关、检察机关、执法部门（　　）。

A. 互相配合，互相制约　　　　　　B. 互相衔接，互相配合

C. 互相帮助，互相配合　　　　　　D. 互相制约，互相完善

5. 对违法的公职人员，监察委员会可依法作出（　　）决定。

A. 党纪处分　　　B. 政务处分　　　C. 行政处分　　　D. 刑事处罚

二、判断题（请在正确题目后的括号内打"√"，错误题目后的括号内打"×"）

1. 国家监察委员会由党的全国代表大会产生，负责全国监察工作。（　　）

2. 被调查人既涉嫌严重职务违法或者职务犯罪，又涉嫌其他违法犯罪的，一般应当由公安机关为主要调查，监察委员会协助调查。（　　）

3. 监察委员会有权监督、调查并依法处置违法公职人员，因此它是国家的司法机关。（　　）

4. 监察委员会应当依法公开监察工作信息，接受民主监督、社会监督、舆论监督。（　　）

5. 某县城乡建设委员会主任胡某违规为女儿操办婚宴，收受管理服务对象礼金共计24500元。某县监察委员会应将胡某的调查案卷材料、证据移送该县人民检察院依法审查、提起公诉。（　　）

三、辨析与实践

1. 请你谈谈在新修订的宪法中增加"监察委员会"的规定以及制定监察法有何重大意义。

2. 请你搜集一个党和国家反腐的典型案例，并和其他同学交流对此案例的感受和体会。

3. 辩论：党和国家反腐是预防重要还是惩戒重要？

第十五课　国家审判机关
——人民法院

中华人民共和国人民法院是国家的审判机关。

——《中华人民共和国宪法》第一百二十八条

中华人民共和国设立最高人民法院、地方各级人民法院和军事法院等专门人民法院。

——《中华人民共和国宪法》第一百二十九条第一款

最高人民法院是最高审判机关。最高人民法院监督地方各级人民法院和专门人民法院的审判工作，上级人民法院监督下级人民法院的审判工作。

——《中华人民共和国宪法》第一百三十二条

法治讲堂

一、中国古代审判机关的演变历程

我国夏商时并无审判机关，周朝中央政府设司寇，大司寇负责实施法律法令，辅佐周王行使司法权；小司寇辅佐大司寇审理具体案件。秦汉时期，廷尉为中央司法机关的长官，审理全国案件。北齐时正式设大理寺，行使中央司法机关的审判职能，相当于现代的最高法院。明清之时，刑部与大理寺互易其职，成为中央审判机关。自秦汉以来，我国地方上的行政和司法机关是合一的，各地方行政机关兼理本地区司法审判事务。

二、我国的人民法院

我国的人民法院是国家的审判机关。《中华人民共和国人民法院组织法》规定人民法院包括最高人民法院、地方各级人民法院和专门人民法院。最高人民法院是中华人民共和国最高审判机关。地方各级人民法院包括基层人民法院、中级人民法院和高级人民法院。专门人民法院包括军事法院、海事法院、铁路运输法院、森林法院、农垦法院、石油法院、知识产权法院等。

作为国家的审判机关，各级人民法院通过审判活动，惩办违法犯罪分子，解决民事和行政纠纷，保护国家、集体和公民私人所有的合法财产，保护公民的人身权利、民主权利和其他权利，维护社会秩序，保障中国特色社会主义建设事业的顺利进行。

三、人民法院依法公开审理案件

人民法院审理案件，除法律规定的特别情况外，一律公开进行。法院要公开开庭的时间、地点，允许公民到法庭旁听，允许新闻记者依法采访报道，除合议庭评议不公开进行外，法庭审判的全过程都应公之于众。

2016年4月14日，某地产公司老板吴学占带领10余名社会闲散人员，到女企业家苏银霞的工厂催债，期间不断辱骂、殴打苏银霞。苏银霞的儿子于欢目睹其母受辱，慌乱中从桌子上摸到一把水果刀乱捅，导致对方人员一死三伤。2017年2月17日，山东省聊城市中级人民法院一审以故意伤害罪判处于欢无期徒刑。

在一审判决饱受社会各界质疑的情形下，2017年5月27日，山东省高级人民法院二审公开开庭审理本案。法院邀请了人大代表、政协委员、特约监督员、专家学者、律师代表、基层群众代表、当事人家属以及媒体记者旁听法庭审理，并用微博全程直播，吸引了数百万网民观看。在庭审直播中，法庭澄清了媒体报道中的不实情节，还原了案件真相，并公开释理说法，其阳光、透明、公正的庭审赢得全民点赞。2017年6月23日，山东省高级人民法院公开宣判，认定于欢属防卫过当，构成故意伤害罪，判处于欢有期徒刑5年。

从饱受质疑到全民点赞，于欢案让民众、媒体、专家学者乃至法院都深刻感受到了司法公开的巨大力量。同时，它也告诉我们，法院必须在民众"雪亮眼睛"的注视下，坚持依法公开审判制度，以公开促公正，打消民众的疑虑和消除民众的误解，维护司法的公信力。

5月27日，于欢案二审庭审现场

近年，我国各级法院坚持深化司法公开，建成审判流程信息公开网、庭审公开网、裁判文书网、执行信息公开网四大公开平台。民众可以通过电脑和手机查阅公开审理案件的立案、庭审、裁判文书、执行等各方面的详细情况。比如当前中国庭审公开网覆盖全国3000多家法院，中国裁判文书网已公布生效裁判文书近4000万篇。人民法院对案件审理过程全方位、深层次地公开，可以更好地接受社会监督，提高审判质量，树立司法权威。

四、人民法院依法独立行使审判权

河南省郑州市大学生闫某，在放假期间与朋友王某掏鸟窝抓了16只燕隼出售，犯非法收购、猎捕珍贵、濒危野生动物罪，二人分别被判处有期徒刑10年6个月和10年，并处罚款。此案被媒体报道后，立即成为社会焦点，舆论纷纷质疑法官的判决。闫某父亲也不服判决，向新乡市中级人民法院申请启动再审程序。

为什么掏几个鸟窝，卖十几只鸟就被判刑10年6个月呢？新乡市中级人民法院及时主动向社会公开了"答案"：闫某知法犯法，掏鸟窝抓获16只国家二级保护动物燕隼，而且还在网上兜售。其行为触犯我国刑法第三百四十一条第一款和最高人民法院相关司法解释规定，属于情节特别严重的"非法收购、猎捕珍贵、濒危野生动物罪"，应处十年以上有期徒刑，并处罚金或者没收财产。

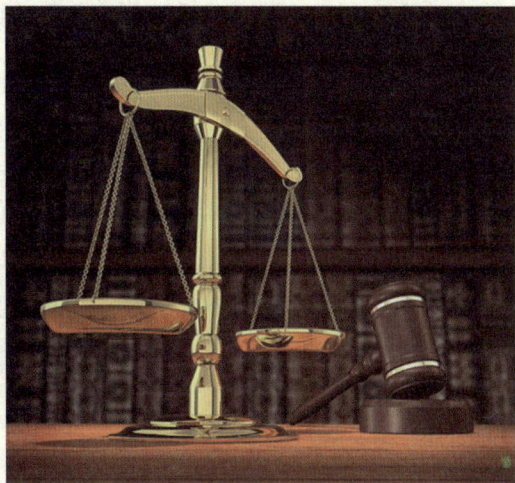

本案中，媒体和公众在未弄清事实和相关法律的情况下，盲目质疑和指责法院的判决，干扰了法院的审判

工作。2016年4月26日,河南省新乡市中级人民法院坚持以事实为依据,以法律为准绳,依法独立行使审判权,驳回闫某父亲的再审申诉。

人民法院依法独立行使审判权,从根本上说是建设社会主义法治国家的需要。只有法院的审判活动不受外界非法因素的干扰,严格按照法定程序对案件做出裁判,才能真正捍卫法律的公平正义,提高司法乃至政府的公信力。

指点迷津

1.人民法院坚持公开审判制度,是不是对所有的案件都要进行公开审理呢?

我国法律规定:有关国家秘密或者个人隐私的案件,不公开审理;离婚案件和涉及商业秘密的案件,当事人申请不公开审理的,可以不公开审理;对在开庭审理时不满十六周岁的未成年人的刑事案件,一律不公开审理;十六周岁以上不满十八周岁的未成年人的犯罪案件,一般也不公开审理,如果有必要公开审理的,必须经过本院院长批准,并且应适当限制旁听人数和范围;等等。

不公开审理的案件,法院应当庭宣布不公开审理的理由。人民法院对公开审理或者不公开审理的案件,一律公开宣告判决。

2.审判独立是司法公正的前提和保障。人民法院在审理案件时,能做到"绝对的独立"而不受任何约束吗?

我国人民法院依法独立行使审判权,并不是西方意义上的司法独立。首先,人民法院的审判工作必须坚持党的领导。党的领导主要是为法院的审判工作制定正确的路线、方针和政策,而不是对具体案件做指示、下命令,干预案件的裁判。其次,人民法院必须接受人民代表大会的监督。监督的方式有听取专项工作汇报、调研、视察、评议、执法检查等;人民代表大会及人大代表都无权干涉法院对具体案件的审理和裁决。第三,人民法院的审判工作必须接受上级法院或者最高人民法院的监督。下级法院在审理具体案件时,应独立行使审判权,不受上级法院影响。上级法院在下级法院独立审判做出裁决后,可以通过二审程序审查下级人民法院的这一裁判是否正确;最高人民法院对各级人民法院、上级法院对下级法院已生效裁判,发现确有错误,有权提审或指令下级法院再审。

法治广角

互联网法院

党的十八大以来,我国坚持以人民为中心,不断推进司法改革创新,满足新时代人民群众对人民法院审判工作的新需求新期待。

2017年8月18日,全球首家互联网法院——杭州互联网法院成立,该法院集中管辖杭州地区电子商务交易纠纷、网络支付纠纷、网络金融借款纠纷、网络著作权纠纷等涉互联网案件。

当事人使用手机号码注册账号后,根据指示在线填写起诉状、提交相应的证据材料并网上缴费即可完成起诉立案。随后,系统将自动向被告送达诉讼信息,被告网上登录查看后即可进行答辩。举证质证环节也可实时在线进行,系统会自动提示证据交换动态。庭审环节以在线视频方式进行,植入的语音识别系统会自动生成笔录,当事人在核对了电子笔录后点击确认即可。入驻平台的特约调解员,可根据后台数据的相关资料,对案件进行多种方式的调解。网上诉讼平台还将对接相关征信平台以及国家相关部门,"点对点"网上查控,让"失信被执行人"寸步难行。互联网法院实现了起诉、调解、立案、举证、质证、开庭、判决、执行全流程在线,各环节连续留痕。截至2018年8月底,杭州互联网法院共受理互联网案件12103件,审结10646件,线上庭审平均用时28分钟,平均审理期限41天。互联网法院案件审理比传统审理方式提升效率约一倍,其颠覆性的创新,使当事人足不出户轻松解决纠纷,给公众带来了全新的诉讼体验。

达人舞台

一、单项选择题

1. 在我国的国家机构中,人民法院属于( )。

A. 立法机关　　　　B. 执法机关　　　　C. 司法机关　　　　D. 法律监督机关

2. 下列关于人民法院的表述中,不正确的选项是( )。

A. 中华人民共和国人民法院是国家的审判机关

B. 最高人民法院领导地方各级人民法院和专门人民法院的审判工作

C. 上级人民法院监督下级人民法院的审判工作

D. 人民法院的审判工作必须坚持中国共产党的领导

3. 新时期的人民法院工作,要坚持以( )为中心的发展理念,真正做到司法便民利民,努力让人民群众在每一个司法案件中感受到公平正义。

A. 法官　　　　　　B. 审判　　　　　　C. 人民　　　　　　D. 公正

4. 下列案件中,人民法院依法不公开审理的民事案件有( )。

①王某的离婚案件

②孙某对刘某多次偷拍不雅照并实施敲诈勒索案件

③余某侵犯原任职公司商业秘密案件

④女记者高某为境外非法提供国家秘密案件

⑤某15岁少年持刀抢劫致人重伤案件

A. ①②④　　　　　B. ②③④　　　　　C. ②③⑤　　　　　D. ②④⑤

5. 张某是某市人大代表,在旁听本市中级人民法院审理一起刑事案件时,认为法院对被告处以10年有期徒刑的量刑过重,因而要求市中级人民法院重审此案并减轻量刑。对张某的做法,正确的认识是( )。

①张某的做法体现了人大代表对法院审判工作的正当监督

②法院应接受张某的监督和建议,重审此案

③张某的做法违反了法定程序

④张某的做法干预了法院独立审判,是越权行为

A. ①②　　　　　　B. ②③　　　　　　C. ②④　　　　　　D. ③④

二、判断题（请在正确题目后的括号内打"√"，错误题目后的括号内打"×"）

1.地方各级人民法院要对产生它的国家权力机关负责。（　　）

2.法官在审理案件并作出裁决时需要听取本法院院长的指示。（　　）

3.九岁的赵某起诉三年都没看望过自己的父亲，要求他每周回家看望自己两次，并按月支付抚养费。法院应不公开审理此案。（　　）

4.人民法院审理的所有案件应当一律公开宣告判决。（　　）

5.最高人民法院是中华人民共和国最高审判机关，有权监督我国其他所有法院的审判工作。（　　）

三、辨析与实践

1.著名律师赵某在为某黑社会头目辩护时，被人们怒骂"无耻""法学败类"，你对此有何看法？

2.和小组同学一起查阅并学习法庭审判流程，在班级组织一次模拟法庭活动。

第十六课　国家法律监督机关
——人民检察院

中华人民共和国人民检察院是国家的法律监督机关。

——《中华人民共和国宪法》第一百三十四条

中华人民共和国设立最高人民检察院、地方各级人民检察院和军事检察院等专门人民检察院。

——《中华人民共和国宪法》第一百三十五条第一款

人民检察院依照法律规定独立行使检察权，不受行政机关、社会团体和个人的干涉。

——《中华人民共和国宪法》第一百三十六条

法治讲堂

一、人民检察院是国家的法律监督机关

检察机关是世界各国普遍设立的国家机关。在我国古代，并没有现代意义上的检察机关。我国现行检察制度是在古代御史制度的基础上学习西方检察制度形成的。中华人民共和国人民检察院是国家的法律监督机关。我国设立最高人民检察院、地方各级人民检察院和军事检察院等专门人民检察院。各级检察机关依法履行案件侦查、审查批捕、审查起诉、诉讼法律监督、生效法律文书执行的法律监督等职权。

二、对公安机关的监督

从立案到侦查，从提请批准逮捕到移送审查起诉，检察机关对公安机关是否依法办案进行全程监督。

2013年4月，黑龙江省伊春市检察院发现犯罪嫌疑人侯某毁坏林地21亩，涉嫌非法占用农用地，遂向林政部门提出"将此案移送公安机关立案侦查"的建议，但公安机关却以"被毁坏的农用地能够恢复"为由不予立案，检察机关及时启动立案监督程序对公安机关的行为予以监督纠正，督促公安机关最后依法立案侦查。

2018年3月24日，林某甲因墓地纠纷殴打林某乙，致后者鼻骨等多处骨折，经相关部门鉴定为轻伤二级。当地公安机关对此案侦查终结后，以林某甲涉嫌故意伤害罪，将案件移送长乐市人民检察院审查起诉。长乐市人民检察院经审查认为，本案犯罪情节轻微，且林某甲自动投案自首，与受害人达成调解协议并履行，得到受害人谅解，决定依法对林某甲不起诉。

检察机关的监督，可以促使公安机关依法履行职责，从源头上防范冤假错案。

三、对人民法院的监督

检察机关对人民法院审判工作的监督主要表现在两个方面：一是对审判人员、执行人员在诉讼过程中是否存在贪赃枉法、徇私舞弊等违法行为进行监督；二是对已经发生法律效力的判决、裁定，如发现有违反法律法规情形的，有权提出抗诉或者检察建议启动审判监督程序。

1992年2月，甘肃省陇南市村民沈六斤，因女友父母反对婚事，报复杀人致一死一伤后逃逸。2013年1月，新疆警方将"沈六斤"抓获。同年8月，甘肃检察机关以"沈六斤"涉嫌故意杀人罪提起公诉。12月，"沈六斤"被判处死刑缓期二年执行，剥夺政治权利终身。2014年12月，"沈六斤"向甘肃省人民检察院提出申诉，称其真名叫方未社，不是"沈六斤"，也没有杀人。甘肃省人民检察院成立专案组进行审查，确认其为方未社后，于2016年3月2日向甘肃省高级人民法院提出抗诉。同年7月15日，甘肃省高级人民法院依法再审判决方未社无罪，当庭释放。2018年2月27日，真沈六斤在四川巴州落网。

"沈六斤"案正是因为检察机关的介入，经多方调查后，找出案件办理过程中的错漏之处，并依法履行对人民法院审判工作的监督职能，才使错案得以纠正，维护了法律应有的公平正义。

四、对行政执法的监督

行政执法是指国家行政机关适用法律实施行政管理,处理社会事务的行为。一般来说,检察机关主要通过检察建议、督促和支持起诉、提起行政公益诉讼等方式来监督行政机关的执法行为。

重庆市 A 区某镇何某等 32 户畜禽养殖户的养殖粪便长期直接排放,造成当地河水及周边环境污染,影响居民饮水安全。2017 年 10 月,该区检察院发出《检察建议书》,建议该镇政府对此履行综合监管职责。在该镇政府依然监管履职不力的情况下,该区检察院向 B 区人民法院提起行政公益诉讼。2018 年 5 月 29 日,B 区人民法院确认该镇政府怠于履行监管职责违法,判决其履行行政监管职责,对辖区畜禽养殖污染进行有效的综合治理。

这是重庆市首例检察机关提起的行政公益诉讼案件。检察机关依法履行对行政机关的监督职责,对促进行政机关依法行政、规范执法行为、维护国家和人民的利益具有重要意义。

指点迷津

人民法院、人民检察院和公安机关在办理刑事案件时,它们各自的职责是什么?相互之间关系如何?

我国宪法明确规定:人民法院、人民检察院和公安机关办理刑事案件,应当分工负责,互相配合,互相制约,以保证准确有效地执行法律。

分工负责是指人民法院、人民检察院和公安机关,要依法各司其职,各负其责,不能超越职权行事。公安机关负责刑事案件的立案、侦查、预审等;人民检察院负责直接受理案件的侦查,批准逮捕犯罪嫌疑人,审查起诉并提起公诉等;人民法院负责案件的审判。

互相配合是指人民法院、人民检察院和公安机关在分工负责的前提下,在刑事案件办理过程中,要互通情报、互相支持、密切配合,充分协商,依据事实和法律,共同完成打击惩处犯罪的任务。

互相制约是指人民法院、人民检察院和公安机关在办案中要互相约束,防止发生错误和及时纠正错误。如检察院发现公安机关移交的刑事案件证据不足,或者公安机关对犯罪嫌疑人有刑讯逼供、暴力取证、非法搜查等非法收集证据的行为，或者认为对被告不需要追究刑事责任，可决定不批准逮捕或不起诉。如果公安机关对人民检察院的决定有不同意见，可以要求人民检察院复议和提请上级人民检察院复核。对于人民检察院提起公诉的案件，人民法院根据法律可以做有罪或无罪、此罪或彼罪的判决。人民检察院对人民法院的已生效的判决、裁定认为确有错误时，有权依审判监督程序提出抗诉，人民法院依法再审。

法治广角

检察机关与我们的生活息息相关

在日常生活中，公民和公安机关打交道最多，如办理户口、换身份证等。公民如果遇到婚姻家庭、劳动工伤、房屋物业、民事侵权等纠纷，需要通过诉讼解决时，也会和法院打交道。可"检察院是干什么的""和我们老百姓有什么关系"普遍成为广大民众的疑问。其实，检察机关与我们的生活也是紧密联系、息息相关的。

公民发现违法犯罪行为，可以提供相关的材料或线索，向检察机关举报或控告。公民发现公安机关在办案过程中、人民法院在案件的审判过程中有不作为或者违法渎职行为，都可以申请检察机关依法进行监督。

最高人民检察院举报中心

我要举报
职务犯罪举报

检察干警违法违纪举报
检察干警违法违纪举报专区

处理情况查询
举报线索处理情况查询

举报常识
举报的相关常识介绍

近年,我国各级检察机关针对生态环境、食品安全、医疗卫生等领域出现的涉及公共利益的案件,依法提起民事公益诉讼,保护广大民众的切身利益,维护正常的社会秩序。

2016年7月至10月,蒋某非法购进工业盐,并伙同曾某、戴某等人变更包装为"雪天"牌加碘食用盐予以销售,共计34.98吨。在有关组织没有就蒋某等九人的侵权行为提起诉讼,社会公共利益仍处于受侵害状态的情况下,长沙市检察院依法向长沙市中级人民法院提起民事公益诉讼。2018年7月11日,长沙市中级人民法院依法公开开庭审理此案并当庭宣判,支持了检察机关要求九名被告消除危险,收回其销售的尚未被食用的假冒碘盐,并在市级以上媒体向社会公众赔礼道歉的民事公益诉讼请求。

2018年7月,"问题疫苗"事件引发全社会的广泛关注。全国各地检察机关纷纷行动,立足检察职能,严查疫苗问题。部分检察机关更是针对疫苗生产、销售、接种不规范等损害社会公共利益的问题,着手进行公益诉讼立案调查,切实保护人民群众的合法权益。

事实上,当前各地检察院正通过网站、微博、微信、APP等现代信息技术手段,来访接待日活动,检察开放日活动,民生检察服务热线等方式,不断走进民众生活,解决民众的法律问题,更好地为民众服务。看似陌生和远离我们生活的检察机关在维护社会和谐稳定、促进社会公平正义、保障人民安居乐业等方面发挥着越来越重要的作用。

达人舞台

一、单项选择题

1. 下列选项中不属于人民检察院职责的是(　　)。

A. 监督　　　　　　B. 起诉　　　　　　C. 侦查　　　　　　D. 审判

2. 重庆市人民代表大会选举并且有权罢免(　　)。

①重庆市公安局局长　　　　②重庆市人民检察院检察长

③重庆市高级人民法院院长　　④重庆市监察委员会主任

A. ①②③　　　　　　B. ①②④　　　　　　C. ①③④　　　　　　D. ②③④

3. 胡先生因经济纠纷被他人起诉,法院一审、二审均判其败诉。胡先生仍然不服,对此,胡先生可以(　　)。

A. 向上一级人民法院提起上诉　　　　B. 向上一级人民法院申请再审

C. 向检察院申请检察建议或抗诉　　　D. 向上一级政府申请再审或抗诉

4. 初中生王政偶然发现邻居张某偷偷向社会闲散人员贩卖冰毒,对此他应该(　　)。

①向公安机关举报　②向人民法院举报

③向检察院举报　④向监察委员会举报

A. ①②③　　　　B. ①②④　　　　C. ①③④　　　　D. ①②③④

二、判断题(请在正确题目后的括号内打"√",错误题目后的括号内打"×")

1. 在我国,各级检察机关的工作必须坚持中国共产党的领导。(　　)

2. 公安机关、人民检察院都有刑事案件侦查权。(　　)

3. 人民检察院有公诉权,所有刑事案件都要由检察院提起诉讼。(　　)

4. 人民法院、人民检察院和公安机关进行刑事诉讼,应当分工负责,互相配合、互相制约。(　　)

5. 人民检察院独立行使检察权,不受上级检察院的干涉和影响。(　　)

三、辨析与实践

1. 请你谈谈人民检察院和监察委员会的职能有什么区别。

2. 有人说,与公安机关和人民法院相比,人民检察院的权力最大。你赞同该观点吗?为什么?

第五专题　国家标志

第十七课　迎风飘扬的五星红旗

中华人民共和国国旗是五星红旗。

——《中华人民共和国宪法》第一百四十一条

中华人民共和国国旗是中华人民共和国的象征和标志。每个公民和组织，都应当尊重和爱护国旗。

——《中华人民共和国国旗法》第三条

法治讲堂

一、国旗与国旗法

1949年6月15日，中国人民政治协商会议筹备委员会正式成立，6月16日，筹备委员会首次会议设立六个工作小组，其中，第六小组负责研究草拟国旗、国徽、国歌、纪年、国都等方案。7月4日，第六小组第一次会议决定，登报公开征求国旗、国徽图案和国歌词谱，设立国旗国徽评选委员会和国歌评选委员会。7月10日，《征求国旗国徽图案及国歌词谱启事》经中国人民政治协商会议常委会批准，7月15日至26日，在《人民日报》《光明日报》等全国各大报纸上连续刊登，向海内外征召新国旗图案。截至8

月 20 日,收到应征稿件 1920 件,共 2992 余件(一说为 3012 件)作品。经评委、专家反复研究,从作品中遴选了 38 件入围,并将之汇编入《国旗图案参考资料》,提交给新成立的中国人民政治协商会议讨论。其中由曾联松设计提交的五星红旗设计方案,获得了筹备委员会的肯定,由田汉送呈毛泽东主席审阅。毛主席同意选为国旗,但建议删去"镰刀铁锤",成为一幅纯洁亮丽的五星红旗,交由政治协商会议讨论。1949 年 9 月 27 日,中国人民政治协商会议第一次全体会议采纳了取消镰刀铁锤之后的五星红旗方案,通过的《关于中华人民共和国国都、纪年、国歌、国旗的决议》第四条规定,中华人民共和国国旗为红地五星旗。

1954 年,我国通过的第一部宪法规定:"中华人民共和国国旗是五星红旗。"之后的 1975 年、1978 年、1982 年宪法都没有变化。1990 年 6 月 28 日,第七届全国人民代表大会常务委员会第十四次会议通过了《中华人民共和国国旗法》,自 1990 年 10 月 1 日起施行。

二、国旗法对应当升挂国旗场合的规定

国旗是国家主权和民族尊严的最高标志之一,国旗意识是国家意识和民族意识的重要组成部分。中华人民共和国的每个公民和组织都应当尊重和爱护国旗。《中华人民共和国国旗法》对升挂国旗的场合作了明确的规定,升挂国旗的场合主要分为应当升挂国旗的场合、可以升挂国旗的场合和国旗法授权相关部门规定三种情形。其中,应当升挂国旗的场合又主要分为应当每日升挂、应当工作日升挂和其他应当升挂的三种情形。

一、应当每日升挂国旗的场合

1.北京天安门广场、新华门;

2.全国人民代表大会常务委员会;

3.国务院;

4.中央军事委员会;

5.最高人民法院;

6.最高人民检察院;

7.中国人民政治协商会议全国委员会；

8.外交部；

9.出境入境的机场、港口、火车站；

10.其他边境口岸；

11.边防海防哨所。

二、应当工作日升挂国旗的场合

1.国务院各部门；

2.地方各级人民代表大会常务委员会；

3.人民政府；

4.人民法院；

5.人民检察院；

6.中国人民政治协商会议地方各级委员会。

三、其他应当升挂国旗的场合

1.全日制学校，除寒假、暑假和星期日外，应当每日升挂国旗。

2.各级国家机关和各人民团体，应当在国庆节、国际劳动节、元旦和春节升挂国旗。

三、侮辱国旗应受处罚

中华人民共和国的每位公民和组织都应当尊重和爱护国旗。《中华人民共和国国旗法》第十九条规定："在公共场合故意以焚烧、毁损、涂划、玷污、践踏等方式侮辱中华人民共和国国旗的，依法追究刑事责任；情节较轻的，由公安机关处以十五日以下拘留。"

被告人乔玉贵(21岁)、吴振发(18岁)、蔡国新(17岁)，均系福建省某学校学生，1992年11月10日，因对学校的规章制度和严格管理不满，三人竟然将国旗降下烧毁，又把长裤升挂在旗杆上，其行为均已构成侮辱国旗罪。最终，三人都被依法追究刑事责任。

指点迷津

1.国旗能否昼夜悬挂?

《中华人民共和国国旗法》第十二条规定:"依照本法第五条、第六条、第七条的规定升挂国旗的,应当早晨升起,傍晚降下。依照本法规定应当升挂国旗的,遇有恶劣天气,可以不升挂。"所以,国旗不应昼夜悬挂。

2.是否可以升挂破损、污损、褪色的国旗?

《中华人民共和国国旗法》第十七条规定:"不得升挂破损、污损、褪色或者不合规格的国旗。"所以,任何单位不能升挂破损、污损、褪色的国旗。

法治广角

《关于施行〈中华人民共和国国旗法〉严格中小学升降旗制度的通知》(节选)

为了严格中小学(含各类中等职业技术学校,下同)升降国旗制度,使学生通过升降国旗这一具有教育意义的仪式受到深刻的爱国主义教育,特提出以下意见:

各地中小学在升降国旗时,除要严格按《国旗法》中有关条款的规定执行外,结合中小学的具体情况,应做到:

(一)升旗仪式在每周星期一早晨举行(寒暑假除外,遇有恶劣天气可不举行)。重大节日或纪念日应举行升旗仪式。

(二)举行升旗仪式时,在校的全体师生参加,整齐列队,面向国旗,肃立致敬。

(三)升旗仪式程序是:

1.出旗(旗手持旗,持旗方式可因地制宜。护旗在旗手两侧,齐步走向旗杆,在场的全体师生立正站立);

2.升旗(奏国歌,全体师生行注目礼,少先队员行队礼);

3.唱国歌;

4.国旗下讲话(由校长或其他教师、劳动模范、先进人物等作简短而有教育意义的讲话)。

(四)每日傍晚静校前,由旗手和护旗按国旗法第十六条规定降旗。

(五)每日升降旗(不举行仪式)时,凡经过现场的师生员工都应面对国旗,自觉肃立,待国旗升降完毕时,方可自由行动。

(六)旗手、护旗要由各班推选代表轮流担任,并经过严格训练后方可执行升降旗任务。

达人舞台

一、单项选择题

1.国旗法实施的时间是(　　)。

A.1990年6月28日　B.1990年10月1日　C.1991年1月1日　D.2009年8月27日

2.在公共场合故意以焚烧、毁损、涂划、玷污、践踏等方式侮辱中华人民共和国国旗的,依法追究刑事责任;情节较轻的,由公安机关处以(　　)日以下拘留。

A.15日　　　　　B.25日　　　　　C.30日　　　　　D.10日

3.国旗长度和宽度的比例是(　　)。

A.4:3　　　　　B.5:4　　　　　C.3:2　　　　　D.2:1

二、判断题(请在正确题目后的括号内打"√",错误题目后的括号内打"×")

1.中小学在重大节日或纪念日应举行升旗仪式。(　　)

2.全日制学校应当每日升挂国旗。(　　)

3.升挂国旗时,可以举行升旗仪式。举行升旗仪式时,在国旗升起的过程中,参加者应当面向国旗肃立致敬,并可以奏国歌或者唱国歌。全日制中学小学,除假期外,每周举行一次升旗仪式。(　　)

4.发生特别重大伤亡的不幸事件或者严重自然灾害造成重大伤亡时,可以下半旗致哀。( )

5.不得升挂破损、污损、褪色或者不合规格的国旗。( )

6.国旗及其图案可用作商标和广告,不得用于私人丧事活动。( )

7.破损、污损、褪色或者不合规格国旗应该由本单位换下并自行处理。( )

三、辨析与实践

在某些学校,升国旗时,有学生站立不端正,东张西望,衣衫不整;还有学生在打扫卫生、倒垃圾;偶尔也有个别老师打电话;还有人打着遮阳伞,戴着口罩、太阳帽、太阳镜等行注目礼……你们学校升国旗时是怎样的? 你对此有什么看法和改进的建议?

第十八课　壮怀激扬的《义勇军进行曲》

中华人民共和国国歌是《义勇军进行曲》。

——《中华人民共和国宪法》第一百四十一条第二款

中华人民共和国国歌是中华人民共和国的象征和标志。一切公民和组织都应当尊重国歌,维护国歌的尊严。

——《中华人民共和国国歌法》第三条

法治讲堂

一、国歌及国歌法的确立

　　《义勇军进行曲》是由田汉作词、聂耳作曲的歌曲,是电影《风云儿女》的主题歌。1934年秋,田汉为影片《风云儿女》写了一首长诗,其中最后一节诗稿被选为主题歌《义勇军进行曲》的歌词。聂耳得知电影《风云儿女》有首主题歌要写,主动要求为歌曲谱曲。收到歌词后,聂耳很快就完成了曲谱初稿,1935年4月18日,聂耳到达日本东京后,完成了曲谱的定稿。之后,为了使歌曲曲调和节奏更加有力,又对歌词做了3处修改,从而完成了歌曲的创作。随着歌曲的录制和电影的放映,伴随着全国救亡运动的热潮,《义勇军进行曲》迅速传遍大江南北,成为耳熟能详的经典之作。

　　1949年9月,中国人民政治协商会议第一届全体会议通过了《关于中华人民共和国国都、纪年、国歌、国旗的决议》,规定在中华人民共和国国歌未正式制定前,以《义勇军进行曲》为国歌。

　　1978年3月5日,第五届全国人民代表大会第一次会议通过了中华人民共和国国歌,新国歌仍然采用《义勇军进行曲》的曲谱,但修改了歌词。

　　1982年12月4日,第五届全国人民代表大会第五次会议通过了《关于中华人民共和国国歌的决议》,决议规定:恢复《义勇军进行曲》为中华人民共和国国歌,撤销本届全国人民代表大会第一次会议1978年3月5日通过的关于中华人民共和国国歌的决定。

2004年3月14日,第十届全国人民代表大会第二次会议正式将《义勇军进行曲》作为国歌写入宪法,第一百四十一条第二款规定:"中华人民共和国国歌是《义勇军进行曲》。"

2017年9月1日下午第十二届全国人民代表大会常务委员会第二十九次会议表决通过《中华人民共和国国歌法》,于2017年10月1日起施行。

二、奏唱和播放国歌的场合

《中华人民共和国国歌法》对奏唱和播放国歌的场合做了明确的规定,其主要分为应当奏唱国歌的场合与其他奏唱和播放国歌的场合两种情形。

一、应当奏唱国歌的场合

1.全国人民代表大会会议和地方各级人民代表大会会议的开幕、闭幕;中国人民政治协商会议全国委员会会议和地方各级委员会会议的开幕、闭幕;

2.各政党、各人民团体的各级代表大会等;

3.宪法宣誓仪式;

4.升国旗仪式;

5.各级机关举行或者组织的重大庆典、表彰、纪念仪式等;

6.国家公祭仪式;

7.重大外交活动;

8.重大体育赛事;

9.其他应当奏唱国歌的场合。

二、其他奏唱和播放国歌场合

1.国家倡导公民和组织在适宜的场合奏唱国歌,表达爱国情感。

2.国庆节、国际劳动节等重要的国家法定节日、纪念日,中央和省、自治区、直辖市的广播电台、电视台应当按照国务院广播电视主管部门规定的时点播放国歌。

2017年6月27日,贵州遵义红花岗区老城小学操场上一名"迟到"的小孩,正冒雨奔向教室。当他跑到操场中央,听到国歌响起时,小孩立刻伫立风雨中面向国旗敬礼。直到国歌结束,他才匆匆跑进教室。

指点迷津

可以随意篡改国歌吗?

国歌是中华人民共和国的象征和标志。一切公民和组织都应当尊重国歌,维护国歌的尊严。《中华人民共和国国歌法》第十五条明确规定:"在公共场合,故意篡改国歌歌词、曲谱,以歪曲、贬损方式奏唱国歌,或者以其他方式侮辱国歌的,由公安机关处以警告或者十五日以下拘留;构成犯罪的,依法追究刑事责任。"

有网民举报称:某网络直播平台主播在直播过程中,有侮辱国歌的行为,引发网民反感。经警方调查:2018年10月7日晚,涉事人杨某(女,20岁)在其住宅内进行网络直播时,公然篡改国歌曲谱,以嬉皮笑脸的方式表现国歌内容,并将国歌作为自己所谓"网络音乐会"的"开幕曲"。杨某的行为违反了《中华人民共和国国歌法》有关规定,上海市公安局静安分局依法对其处以行政拘留5日的处罚。

法治广角

国歌的审美意蕴

郑锦容

中华人民共和国国歌是《义勇军进行曲》,这是一首极富创造性的歌曲。首先,作者成功地把这首散文诗般的歌词,按照音乐的规律,处理得异常生动有力口语化;其次,在旋律创作上,既吸收了国际革命歌曲和进行曲的风格特点,又使之具有浓郁的民族特色;第三,不匀称的自由曲体结构,丰富多变的句式使音乐具有节奏感和发展动力;第四,巧用休止符和后半拍起唱,创造出音乐的紧迫感和强劲气质。

歌曲开始是六小节进军号般的前奏,它具有铿锵的节奏,明亮雄伟的旋律。其间羽音的运用和三连音的妙用,不仅有民族风格,而且更增强了歌曲的战斗气氛。聂耳把歌曲处理成由六个长短句组成的自由体结构,每个乐句的旋律、结构各不相同,但乐句间衔接紧密,发展自然,唱起来起伏跌宕、浑然一体。后半拍起唱的一、二句,旋律呈上行趋势,不仅有号召性,更能给人以紧迫感。聂耳在全词的警句上不仅用了全曲中的最高、最强音,而且创造性地在"最危险的时候"之前运用了休止符,使之得以突出、强调。这一字一音、抑扬顿挫都包含着号召人民奋起挽救祖国危亡的情感和力量,从而显示出其情之至、其力之美。接着是一个长达14字的第四句,它在中低音密集积贮、酝酿着一种不可阻挡的力量,最后喷出"起来!"的吼声。号角式的前奏音调在最后两句得以再现,既加强了全曲的整体感,又使歌曲的主题思想得到进一步肯定,从而形成高潮。重复最后一个乐句后,又创造性地在三个"前进"之后,增加了一个"进"字,堪称画龙点睛之笔。它既使歌声更加有力,富有特色,同时也加强了这首战歌的终止感,从而显示出这一艺术精品的独特魅力。

国歌不仅可以让你认知历史之真善,还可以使你得到美的熏陶。让我们高唱国歌,因为她是真善美的结晶。

——节选自《国歌的审美意蕴》,《福建艺术》1999年12月15日

达人舞台

一、单项选择题

1.在公共场合侮辱国歌的行为,情节严重最高可判处(　　)有期徒刑。

A.1年　　　　　　B.2年　　　　　　C.3年　　　　　　D.5年

2.关于奏唱国歌,下列说法不正确的是(　　)。

A.宪法宣誓仪式上应当奏唱国歌

B.升国旗仪式上应当奏唱国歌

C.奏唱国歌时应当肃立,举止庄重

D.国歌可以作为公共场所的背景音乐

3.以下关于制定国歌法的目的,错误的是(　　)。

A.增强公民的国家观念

B.维护公民的文化活动权

C.规范国歌的奏唱、播放和使用

D.维护国歌的尊严

二、判断题(请在正确题目后的括号内打"√",错误题目后的括号内打"×")

1.中华人民共和国国歌是《义勇军进行曲》,一切公民和组织都应当尊重国歌,维护国歌的尊严。(　　)

2.在公共场合故意侮辱国歌的,由公安机关处以警告或者十五日以下拘留,构成犯罪的,依法追究刑事责任。(　　)

3.国家倡导公民和组织在适宜的场合奏唱国歌,表达爱国情感。(　　)

4.《中华人民共和国国歌法》施行时间是2017年10月1日。(　　)

三、辨析与实践

1.请你完整地默写出国歌的词曲作者和歌词内容。

2.你认为日常生活中有哪些违背国歌法的行为? 你认为该如何规范这些行为?

第十九课 庄严的中华人民共和国国徽

中华人民共和国国徽,中间是五星照耀下的天安门,周围是谷穗和齿轮。

——《中华人民共和国宪法》第一百四十二条

中华人民共和国国徽是中华人民共和国的象征和标志。一切组织和公民,都应当尊重和爱护国徽。

——《中华人民共和国国徽法》第三条

法治讲堂

一、国徽的图案和含义

国徽的图案和使用办法,由宪法或专门法律规定。中华人民共和国国徽的内容为国旗、天安门、齿轮和谷穗等图案,象征中国人民自"五四"运动以来的新民主主义革命斗争和工人阶级领导的以工农联盟为基础的人民民主专政的新中国的诞生。

国徽之涂色为金红二色:麦稻、五星、天安门、齿轮为金色,圆环内之底子及垂缓为红色;红为正红(同于国旗),金为大赤金(淡色而有光泽之金)。颜色用正红色和金红色互为衬托对比,体现了中华民族特有的吉寿喜庆的民族色彩和传统,既庄严又富丽。

国徽是国家的标志,它代表着我们伟大的社会主义祖国——中华人民共和国的尊严。

二、国徽法与国徽的使用范围

1991年3月2日，中华人民共和国第七届全国人民代表大会常务委员会第18次会议通过了《中华人民共和国国徽法》，并由中华人民共和国主席颁布主席令，予以公布，自1991年10月1日起施行。

《中华人民共和国国徽法》的立法目的在于使公民、组织和国家机关通过维护国徽的尊严，树立起对宪法和法律的信仰，唤起人民的民族自豪感和国家使命感。《中华人民共和国国徽法》对国徽的使用范围作了明确的规定，主要分为悬挂国徽的范围和国徽图案的使用范围两种情形。

一、悬挂国徽的范围

（一）应当悬挂国徽的机构

1.县级以上各级人民代表大会常务委员会；

2.县级以上各级人民政府；

3.中央军事委员会；

4.各级人民法院和专门人民法院；

5.各级人民检察院和专门人民检察院；

6.外交部；

7.国家驻外使馆、领馆和其他外交代表机构。

（二）应当悬挂国徽的场所

1.北京天安门城楼，人民大会堂；

2.县级以上各级人民代表大会及其常务委员会会议厅；

3.各级人民法院和专门人民法院的审判庭；

4.出境入境口岸的适当场所。

（三）国徽法授权相关部门规定的情形

1.乡、民族乡、镇的人民政府可以悬挂国徽，具体办法由省、自治区、直辖市的人民政府根据实际情况规定。

2.在国徽法规定的范围以外需要悬挂国徽的，由全国人民代表大会常务委员会办公厅或者国务院办公厅会同有关主管部门规定。

二、国徽图案的使用范围

（一）下列机构的印章应当刻有国徽图案：

1. 全国人民代表大会常务委员会，国务院，中央军事委员会，最高人民法院，最高人民检察院；

2. 全国人民代表大会各专门委员会和全国人民代表大会常务委员会办公厅、工作委员会，国务院各部、各委员会、各直属机构、国务院办公厅以及国务院规定应当使用刻有国徽图案印章的办事机构，中央军事委员会办公厅以及中央军事委员会规定应当使用刻有国徽图案印章的其他机构；

3. 县级以上地方各级人民代表大会常务委员会、人民政府、人民法院、人民检察院，专门人民法院，专门人民检察院；

4. 国家驻外使馆、领馆和其他外交代表机构。

（二）下列文书、出版物应当印有国徽图案：

1. 全国人民代表大会常务委员会、中华人民共和国主席和国务院颁发的荣誉证书、任命书、外交文书；

2. 中华人民共和国主席、全国人民代表大会常务委员会委员长、国务院总理、中央军事委员会主席、最高人民法院院长和最高人民检察院检察长以职务名义对外使用的信封、信笺、请柬等；

3. 全国人民代表大会常务委员会公报、国务院公报、最高人民法院公报和最高人民检察院公报的封面；

4. 国家出版的法律、法规正式版本的封面。

（三）国徽法授权相关部门规定的情形

1. 外事活动和国家驻外使馆、领馆以及其他外交代表机构对外使用国徽图案的办法，由外交部规定，报国务院批准后施行。

2. 在国徽法规定的范围以外需要使用国徽图案的，由全国人民代表大会常务委员会办公厅或者国务院办公厅会同有关主管部门规定。

指点迷津

侮辱国徽的行为应承担什么法律责任?

国徽是国家的象征和标志,侮辱国徽的行为是法律所坚决禁止的。实施了侮辱国徽的行为,就应承担与其行为相适应的法律责任。

国徽法第十三条规定:"在公众场合故意以焚烧、毁损、涂划、玷污、践踏等方式侮辱中华人民共和国国徽的,依法追究刑事责任;情节较轻的,由公安机关处以十五日以下拘留。"前者属于侮辱国徽罪,应承担相应的刑事责任。后者情节较轻,属于侮辱国徽的违法行为,应承担行政法律责任。

另外,《全国人民代表大会常务委员会关于惩治侮辱中华人民共和国国旗国徽罪的决定》规定:"在公众场合故意以焚烧、毁损、涂划、玷污、践踏等方式侮辱中华人民共和国国旗、国徽的,处三年以下有期徒刑、拘役、管制或者剥夺政治权利。"

法治广角

新中国的第一枚金属国徽

李影

1949年7月,新政治协商会议筹备会便开始国徽设计方案的征集工作,直至1950年6月,在广泛吸收各界人士意见的基础上,最终确定了梁思成的设计方案。9月20日,毛泽东主席签署命令,向全世界宣布了中华人民共和国国徽的设计方案。

国徽设计方案确定后,在国庆一周年时便临时赶制了一枚木质国徽。但木质国徽经风吹日晒后容易变形开裂,因此必须铸造金属国徽来替换。

新中国成立初期,辽宁是重要的工业基地,被誉为"东方鲁尔",其中位于沈阳的第一机器厂在铸造技术方面更是闻名全国。于是,铸造新中国第一枚金属国徽的重任就光荣地落在了沈阳第一机器厂的身上。

沈阳第一机器厂接到铸造国徽的任务后,便成立了由19号铸造车间铸造班焦百顺、陈喜芝等十几名技术尖子组成的专门攻关小组。在当时物质条件艰苦、制造工具匮乏的情况下,要铸造一枚直径2米,表面光洁、图案清晰的国徽真是困难重重。没有炉子,工人们砌了个砖炉;没有化铝罐,自制铁罐代替;没有脱氧剂,用木棒搅拌脱氧;没有测试铝水温度的仪器,就在炉前肉眼观察铝水颜色的变化。为了保证浇铸出来的国徽平整光滑、纹理清晰、凹凸有序,班长焦百顺和工人们经过反复试验,终于制作出了合格的模具。之后,在熔制过程中,工人们还研制出局部浇水加速铸件冷却的方法,使铸件局部缩型的难题迎刃而解。

经过刻苦攻关,1951年4月,沈阳第一机器厂的工人们终于提前20天完成了67枚金属国徽的铸造任务,其中直径为2米的大型国徽于五一劳动节前被悬挂在天安门城楼上。如今,这枚国徽虽历经风雨,依旧熠熠生辉,闪耀着光芒。

——节选自《新中国第一枚金属国徽铸造始末》,《中国档案报》2014年10月17日

达人舞台

一、单项选择题

1. 在公共场合故意以焚烧、毁损、涂划、玷污、践踏等方式侮辱中华人民共和国国徽的,依法追究刑事责任;情节较轻的,由公安机关处以( )日以下拘留。

A. 10日 　　　　　B. 15日 　　　　　C. 20日 　　　　　D. 30日

2. 国徽直径的通用尺度为( )种。

A. 4 　　　　　B. 2 　　　　　C. 3 　　　　　D. 5

3. 国徽法于( )正式施行。

A. 1990年10月1日 　　　　　B. 1991年10月1日

C. 2017年10月1日 　　　　　D. 1991年3月2日

二、判断题(请在正确题目后的括号内打"√",错误题目后的括号内打"×")

1. 悬挂的国徽由国家指定的企业统一制作。( )

2. 国家驻外使馆、领馆和其他外交代表机构应当悬挂国徽。( )

3. 国徽应当悬挂在机关正门上方正中处。(   )

4. 运动员杨威穿着饰有国徽图案的衣服参加国际比赛,违反了国徽法。(   )

5. 国家出版的法律、法规正式版本的封面应当印有国徽图案。(   )

6. 中华人民共和国主席和国务院颁发的荣誉证书、任命书应当印有国徽图案。(   )

7. 各级公安机关可以悬挂国徽。(   )

三、辨析与实践

日常生活中有哪些违背国徽法的情形,你认为应如何规范?

第二十课　北京,我们为你骄傲

中华人民共和国首都是北京。

——《中华人民共和国宪法》第一百四十三条

法治讲堂

北京,简称"京",中华人民共和国首都。全国政治中心、文化中心、国际交往中心、科技创新中心,是中国共产党中央委员会、中华人民共和国中央人民政府和全国人民代表大会常务委员会的办公所在地。

一、中华人民共和国定都北京的原因

中华人民共和国的首都会定在北京有以下几个历史原因:

1.历史背景

北京是一个具有悠久历史的文明古都,早在三千年前周朝时,燕诸侯国就定都北京,称之为蓟。后来,辽、金、元、明、清均定其为国都。北京是闻名于世的中国六大古都之一。

时至近代,1919年北京爆发"五四"运动,掀开了中国新民主主义革命历史的第一页。北京成为中国新民主主义革命的发祥地。因此,北京在中国革命进程中所起的先导作用,是以毛泽东为首的中共领导人考虑定都北京的现实背景。

2.国内政治动因

定都北京最重要的动因还是从政治上考虑的。蒋介石政权定都南京,毛泽东把人民的政权定都北京,这种针锋相对反映出两种不同政权的根本对立。同时,1949年北平(时称北平)的和平解放,古老的北平城得以完整保存。北平所有名胜古迹,都受到了保护,没有遭受任何损失。城市里的生产和生活一切正常。这进一步坚定了党中央和毛泽东定都北平的决心。

3.国际政治格局

定都北平还有一个十分重要的原因,那就是从国际政治格局和国家安全方面考虑的。1949年2月下旬,时任东北局城市工作部部长的王稼祥抵达西柏坡参加中共七届二中全会。王稼祥刚到西柏坡便携夫人朱仲丽去看望毛泽东,毛泽东就定都一事征询王稼祥意见。王稼祥说:北平,离社会主义苏联和蒙古人民共和国(1992年改国名为"蒙古国")近些,国界长而无战争之忧,而南京太靠东南,西安是否偏西了一点儿。王稼祥的看法与毛泽东以及其他中共领导人的看法不谋而合。这种见解上的一致,正是建立在对当时国际政治格局和国家安全战略的认识之上。1949年9月27日中国人民政治协商会议第一届全体会议通过《关于中华人民共和国国都、纪年、国歌、国旗的决议》确定中华人民共和国的国都定于北平,改名为北京。

二、北京作为首都的功能体现

北京,中国的首都,这是一座海纳百川、包容万象的城市。这里有三千年的古文化,有纵横发达的城市交通,有领先全国的经济发展水平。所谓首都核心功能,即北京作为首都所承担的全国政治中心、文化中心、国际交往中心、科技创新中心四大功能。

1.北京,全国的政治中心

北京作为中华人民共和国首都,是全国人民代表大会常务委员会所在地,是党中央和国务院所在地。每年的"两会"都在此召开,许多事关国家发展的重要决议都在这里提出。这里,还是我们国家举行重大庆典、盛大集会和外事迎宾的神圣重地。

北京成功举办了2008年第29届奥林匹克运动会以及2014年国际泳联花样游泳大奖赛等国际体育赛事。北京还获得了2022年第24届冬季奥林匹克运动会主办权。北京也是中国重要的国际交往中心。改革开放以来,北京已与51个国家的56个城市缔结了友好城市关系。北京现有外国驻华大使馆100余个,外国新闻机构约200个。在北京设立的国外驻京代表机构已超过7000家。

2.北京,全国的文化中心

北京是全球拥有世界文化遗产最多的城市,同时还是全球首个拥有世界地质公园的首都城市。北京有故宫、天坛、颐和园、八达岭长城等众多名胜古迹。北京是"博物馆之都",故宫博物院是世界五大博物馆之一。截至2017年,北京市共有普通高等院校90余所,其中包括北京大学、清华大学等全国最为著名的学府。

北京,以其独特的魅力吸引了全国各地的优秀人才,截至2018年末,北京市常住人口达2154.2万人。北京的发展正在进入一个新的历史阶段。

3.北京,全国的科技创新中心

站上新时代发展的新起点,北京以国家战略需求引导科技创新方向,以科技创新引领高精尖产业发展,以中关村科学城、怀柔科学城、未来科学城和北京经济技术开发区"三城一区"为主战场,全力推进具有全球影响力的科技创新中心的建设。

北京有中国科学院、中国工程院等科学研究机构和号称中国硅谷的北京中关村科技园区,是全国最大的科学技术研究基地。另外,北京有全国顶级的科研人才和院校。

近年来,一批重量级原创成果在北京竞相涌现:首次发现三重简并费米子,率先完成酿酒酵母12号染色体的设计与人工化学合成,率先研制成功5纳米碳基光电集成电路、世界首款55纳米全系统多核高精度卫星导航定位芯片、首个水稻全基因组芯片等。

一批新型研发机构相继成立:北京量子信息科学研究院、北京脑科学与类脑研究中心成立,面向全球公开遴选中心主任和首席科学家。

一批标志性装置相继问世:成功研制发射世界上最高灵敏度和最好空间分辨率的大型硬X射线调制望远镜"慧眼",推动我国高能天体物理研究迈入国际先进行列。子午工程、凤凰工程等累计13个国家重大科技基础设施投入运行或正在建设。

一批支持创新发展的政策基金推出。设立了北京科技创新基金,北京市政府投资引导基金等,吸引社会资本共同投资高端"硬技术"创新,基金规模达1000多亿元。

以科技创新为核心的全面创新发展,正成为北京未来发展的强劲引擎。

指点迷津

疏解北京"非首都功能"有何重大战略意义?

非首都功能是指那些与首都功能发展不相符的城市功能。中国特色社会主义进入新时代,北京也出现了诸如空气污染、交通拥堵、人口众多、物价持续高涨等一系列问题。建设一个什么样的首都? 成了摆在以习近平同志为核心的党中央面前的一个重大难题。

在2015年2月10日的中央财经领导小组第九次会议上,习近平总书记首次提出疏解北京"非首都功能"这一概念。他还提出要坚持和强化首都核心功能,调整和弱化不适宜首都的功能,把一些功能转移到河北、天津去,推进京津冀协同发展的重大战略。

2015年4月30日,中共中央政治局会议审议通过《京津冀协同发展规划纲要》,一个覆盖21.6万平方千米、一亿多人口的宏大国家战略进入全面实施、加快推进的新阶段。北京市政府在近年大力开展"疏解整治促提升"专项行动,开展背街小巷整治提升行动,全面打响治理大气污染攻坚战,加强历史文化保护。北京制定实施并不断修订完善全国首个以治理"大城市病"为目标的新增产业禁止和限制目录。截至2017年8月,北京不予办理的工商登记业务达1.78万件,累计疏解退出一般制造业企业1940家,调整疏解市场482家、物流中心83个。

未来的北京,环境会更好,文化会更加发展,城市会更加宜居,大国首都的美好未来令人憧憬。

法治广角

了解雄安新区

雄安新区,位于中国河北省保定市辖区内,地处北京、天津、保定腹地,规划范围涵盖河北省雄县、容城、安新等3个小县及周边部分区域。2017年4月1日,中共中央、国务院决定在此设立国家级新区。

习近平总书记强调:雄安新区不同于一般意义上的新区,其定位首先是疏解北京非首都功能集中承载地,重点承接北京疏解出的行政事业单位、总部企业、金融机构、高等院校、科研院所等,不符合条件的坚决不能要。雄安新区绝非传统工业和房地产主导的集聚区,创新驱动将是雄安新区发展基点,进行制度、科技、创业环境的改革创新,吸引高端高新技术企业集聚,建设集技术研发和转移交易、成果孵化转化、产城融合的创新发展示范区。雄安新区将制定全新的住房政策,严禁大规模开发房地产。雄安新区将深化户籍改革、医疗改革、公共服务改革、行政管理体制改革等,加强对外合作,促进贸易便利化,建立与国际接轨的城市管理规则和体系。

设立雄安新区,是以习近平同志为核心的党中央做出的一项重大的历史性战略选择。雄安新区是继深圳经济特区和上海浦东新区之后又一具有全国意义的新区。雄安新区对集中疏解北京非首都功能,探索人口经济密集地区优化开发新模式,调整优化京津冀城市布局和空间结构,培育创新驱动发展新引擎,具有重大现实意义和深远历史意义。

达人舞台

一、单项选择题

1. 新中国选择将北京作为中国的首都,主要有以下几个历史原因(　　)。

①历史背景　②国内政治动因　③国际政治格局　④气候适宜

A. ①②④　　　　　　B. ①②③　　　　　　C. ①②　　　　　　D. ①②③④

2. 作为我国的首都,北京有着独特的文化底蕴和不可替代的重要地位。下列对北京的表述,正确的是(　　)。

A. 是全国最大的城市和商业中心　　　　B. 是一个重要的国际交往城市

C. 中关村是著名的商业区　　　　　　　D. 地势东北高西南低

3. 北京是我国的政治中心,以下哪项叙述不能体现这一职能(　　)。

A. 北京是中国的首都　　　　　　　　　B. 全国人民代表大会常务委员会所在地

C. 中共中央和国务院所在地　　　　　　D. 北京有众多的海外企业代表机构

4. 以下不属于北京世界文化遗产的是(　　)。

A. 周口店北京猿人遗址　　　　　　　　B. 八达岭长城

C. 故宫　　　　　　　　　　　　　　　D. 秦始皇兵马俑墓葬群

5. 习近平总书记于(　　)年首次提出疏解北京"非首都功能"这一概念。

A. 2015　　　　　　B. 2016　　　　　　C. 2017　　　　　　D. 2018

二、判断题(请在正确题目后的括号内打"√",错误题目后的括号内打"×")

1. 疏解北京"非首都功能"的提出就意味着迁都。(　　)

2. 京津冀协同发展是"十三五"规划中的国家战略之一。(　　)

3. 雄安新区的定位首先是疏解北京非首都功能集中承载地。(　　)

4. 非首都功能是指那些与首都功能发展相符的城市功能。(　　)

三、辨析与实践

随着经济的繁荣和城市规模的日益扩大,北京市也面临着许多发展中的问题。一是自然环境问题,如浮尘、扬沙、沙尘暴、水资源匮乏和水污染等。二是人文环境问题,如人口的急剧增长、交通堵塞、城市住房紧张等。近20年来,北京市政府投入很大的人力物力防治大气污染、水污染和工业污染,加强植树造林等,加快了城市改造与建设的步伐。

根据材料反映的问题,请你对北京市政府提出相应的整改措施。

第一部分 达人舞台参考答案

第一课参考答案

一、单项选择题

1.A　2.D　3.C　4.D　5.B

二、判断题

1.√　2.×　3.√

三、辨析与实践(略)

第二课参考答案

一、单项选择题

1.D　2.D　3.B　4.D

二、判断题

1.×　2.√　3.×　4.√　5.√

三、辨析与实践(略)

第三课参考答案

一、单项选择题

1.B　2.A　3.C　4.C　5.D

二、判断题

1.×　2.×　3.×　4.√　5.×

三、辨析与实践(略)

第四课参考答案

一、单项选择题

1.A　2.C　3.A　4.C　5.B

二、判断题

1.×　2.√　3.√　4.√　5.√

三、辨析与实践(略)

第五课参考答案

一、单项选择题

1.D　2.D　3.C　4.B　5.C

二、判断题

1.√　2.√　3.×　4.×　5.×

三、辨析与实践(略)

第六课参考答案

一、单项选择题

1.D　2.D　3.B　4.C

二、判断题

1.×　2.×　3.√　4.√　5.√

三、辨析与实践(略)

第七课参考答案

一、单项选择题

1.B　2.A　3.C　4.D　5.D

二、判断题

1.√　2.√　3.√　4.×　5.√

三、辨析与实践(略)

第八课参考答案

一、单项选择题

1.B　2.B　3.A　4.D　5.C

二、判断题

1.√　2.×　3.√　4.√　5.√　6.√　7.×　8.√

三、辨析与实践(略)

第九课参考答案

一、单项选择题

1.C　2.A　3.B　4.B

二、判断题

1.√　2.×　3.√　4.×　5.√

三、辨析与实践(略)

第十课参考答案

一、单项选择题

1.B　2.A　3.D　4.C

二、判断题

1.×　2.√　3.√　4.√

三、辨析与实践(略)

第十一课参考答案

一、选择题

1.C 2.A 3.D 4.C 5.B

二、判断题

1.× 2.√ 3.√ 4.× 5.√

三、辨析与实践(略)

第十二课参考答案

一、单项选择题

1.B 2.D 3.A 4.D 5.B 6.C

二、判断题

1.× 2.× 3.√ 4.× 5.√ 6.× 7.√ 8.×

三、辨析与实践(略)

第十三课参考答案

一、单项选择题

1.C 2.D 3.B 4.C 5.C

二、判断题

1.√ 2.× 3.√ 4.× 5.√ 6.× 7.×

三、辨析与实践(略)

第十四课参考答案

一、单项选择题

1.C 2.D 3.D 4.A 5.B

二、判断题

1.× 2.× 3.× 4.√ 5.×

三、辨析与实践(略)

第十五课参考答案

一、单项选择题

1.C 2.B 3.C 4.D 5.D

二、判断题

1.√ 2.× 3.× 4.√ 5.√

三、辨析与实践(略)

第十六课参考答案

一、单项选择题

1.D 2.D 3.B 4.A

二、判断题

1.√ 2.√ 3.× 4.√ 5.×

三、辨析与实践(略)

第十七课参考答案

一、单项选择题

1.B 2.A 3.C

二、判断题

1.√ 2.× 3.√ 4.√ 5.√ 6.× 7.×

三、辨析与实践(略)

第十八课参考答案

一、选择题

1. C 2.D 3.B

二、判断题

1.√ 2.√ 3.√ 4.√

三、辨析与实践(略)

第十九课参考答案

一、选择题

1.B 2.C 3.B

二、判断题

1.√ 2.√ 3.√ 4.× 5.√ 6.√ 7.×

三、辨析与实践(略)

第二十课参考答案

一、单项选择题

1.B 2.B 3.D 4.D 5.A

二、判断题

1.× 2.√ 3.√ 4.×

三、辨析与实践(略)

第二部分 拓展练习题

第一专题 宪法基础知识练习题

一、选择题

1. 下列哪一项不属于宪法产生的思想基础（　　）。

A.天赋人权论　　　B.社会契约论

C.主权在民论　　　D.君权神授论

2. 宪法在本质上是（　　）。

A.国家的根本法

B.民主制度的法律化

C.统治阶级意志和利益的集中表现

D.资产阶级革命的产物

3. "宪法就是写着公民权利的一张纸"这句话是（　　）说的。

A.马克思　　　　　B.恩格斯

C.毛泽东　　　　　D.列宁

4. 在中国历史上第一部由人民代表机关正式通过并公布实施的宪法性文件是（　　）。

A.《陕甘宁边区施政纲领》

B.《陕甘宁边区宪法原则》

C.《中华苏维埃共和国宪法大纲》

D.《中国人民政治协商会议共同纲领》

5. 中华人民共和国成立以来共制定了（　　）部宪法。

A.2　　　B.3　　　C.4　　　D.5

6. （　　）首次提出我国的基本政治制度是人民代表大会制度。

A.《中华民国临时约法》

B.《中国人民政治协商会议共同纲领》

C.1954年宪法

D.1982年宪法

7. 托马斯·潘恩曾言："在专制政府中，国王便是法律;同样地,在自由国家中,法律便应该成为国王。"这体现了（　　）。

A.权力制约原则

B.法治原则

C.人民主权原则

D.基本人权原则

8. 法规定了人们行为的模式、标准和方向。人们通过法有可能预见到（　　）。

①国家对自己的行为和态度

②国家对他人的行为和态度

③亲朋好友之间的感情

④由此产生的法律后果

A.①②③　　　　　B.①②④

C.②③④　　　　　D.①③④

9. 社会主义类型的法是真正公平、正义的法，原因是（　　）。

①它体现的是社会主义的公平、正义

②它没有阶级性

③它是绝大多数人公认的公平、正义

④它是真正体现社会进步的公平、正义

A.①②③　B.①②④　C.②③④　D.①③④

10. 在我国,诸如国家性质、国家根本制度、公民的基本权利和义务等国家生活中的根本问题,都是由（　　）进行规定的。

A.刑法　　　　　　B.宪法

C.立法法　　　　　D.民法

11. 依法治国,首先是（　　）。

A.依宪治国　　　　B.为人民服务

C.有法必依　　　　D.执法必严

12. 2017年10月1日起施行的《中华人民共和国民法总则》是民法典的总则编,其制定的依据和基础是（　　）。

A. 宪法　　　　　B. 刑法

C. 劳动法　　　　D. 继承法

13. 宪法的特征有（　　　）。

①宪法规定国家的根本性问题

②宪法具有最高效力

③宪法的制定要通过特定的程序

④宪法的修改要通过特定的程序

A. ①②③　　　　B. ①②④

C. ②③④　　　　D. ①②③④

14. 现行宪法是于（　　　）12月由五届全国人大五次会议通过的。

A. 1982年　　　　B. 1988年

C. 1993年　　　　D. 1999年

15. 为贯彻落实《青少年法治教育大纲》，进一步推进全市学生对宪法精神的理解，重庆市教育科学研究院在重庆一中组织全市学生开展了"法治少年　青春远航"宪法知识竞赛活动。大力开展宪法学习活动，是因为（　　　）。

A. 宪法是所有法律的总和

B. 宪法是国家的根本法

C. 宪法是由国家制定或认可的

D. 宪法由国家强制力保证实施

二、判断题

1. 1949年9月29日颁布的《中国人民政治协商会议共同纲领》，既是中国人民民主统一战线的纲领，又起了临时宪法的作用。（　　　）

2. 1954年9月20日第一届全国人民代表大会第二次会议通过并颁布了《中华人民共和国宪法》。（　　　）

3. "五四宪法"是中华人民共和国的第一部宪法，是在修改《中国人民政治协商会议共同纲领》的基础上制定的。（　　　）

4. 1982年12月4日，中华人民共和国第四部宪法（现行宪法）在第五届全国人民代表大会第五次会议上正式通过并颁布。（　　　）

5. "创新、协调、绿色、开放、共享"的发展理念，是习近平新时代中国特色社会主义经济思想的重要内容。（　　　）

6. 法是一种特殊的行为规则和社会规范。（　　　）

7. 法是超阶级的产物。（　　　）

8. 宪法集中反映国家各种政治力量的实际对比关系。（　　　）

9. 宪法规定国家生活中的一般性问题。（　　　）

10. 任何组织和个人都不能凌驾于宪法之上。（　　　）

11. 宪法和其他法律是"母法"与"子法"的关系。（　　　）

12. 宪法是一切组织和个人的根本活动准则。（　　　）

三、材料分析

材料一 2018年2月23日，第十二届全国人大常委会第三十三次会议提出了关于提请审议全国人大常委会关于实行宪法宣誓制度的决定修订草案的议案。明确监察委员会组成人员依法产生后应当进行宪法宣誓，宣誓仪式应当奏唱中华人民共和国国歌。宪法宣誓誓词中有关奋斗目标的表述也将修改为"为建设富强民主文明和谐美丽的社会主义现代化强国努力奋斗！"根据修订草案，宪法宣誓誓词将从70字修改为75字，有关条款中增加了与监察委员会有关的内容。

材料二 2018年3月11日，第十三届全国人大一次会议表决通过了《中华人民共和国宪法修正案》。修正案强调，中国共产党领导是中国特色社会主义最本质的特征，把习近平新时代中国特色社会主义思想载入宪法，充分彰显了中国特色社会主义道路自信、理论自信、制度自信和文化自信。

材料三 2018年3月17日、18日、19日上午，第十三届全国人大一次会议分别举行第五次、第六次、第七次全体会议，选举和决定任命国家机构组成人员。会议分别举行了宪法宣誓仪式。这是宪法宣誓制度实行以来，首次在全国人民代表大会上举行的宪法宣誓活动，这更好地体现了宪法尊严，彰显宪法权威，弘扬宪法精神。

阅读上述材料，思考下列问题：

(1)首次在全国人民代表大会上举行宪法宣誓活动说明了什么？

(2)修改和完善宪法宣誓内容有何重要意义？

(3)宪法修改中建议成立新的国家机构——国家监察委员会。请你谈谈国家监察委员会与全国人民代表大会之间的关系。

(4)有人认为：宪法不是"闲法"。依法治国，首先是依宪治国。请你评析这一观点。

第二专题 宪法总纲练习题

一、选择题

1.坚持依法治国首要坚持( )。

A.依宪治国　　　B.以德治国

C.依法执政　　　D.依宪执政

2.我国( )确立了中国共产党的领导地位。

A.民法总则　　　B.选举法

C.宪法　　　　　D.以上均错误

3."在中国共产党的领导下，人大立法监督，政府依法行政，政协参政议政，社会主义民主政治呈现出前所未有的生命力。"一位政协委员有感而发。这表明( )。

A.政府、政协都接受人大和中国共产党的领导

B.人大、政府、政协都是国家机关

C.人大、政府、政协分工明确、各司其职

D.中国共产党是政协的组成部分，各级人大均有其代表

4.中国共产党是中国工人阶级的先锋队，是中国人民和中华民族的先锋队，中国共产党的领导和执政地位是由它的( )和( )决定的。

A.性质　执政时间　B.指导思想　党员数量

C.性质　宗旨　　　D.执政方式　性质

5.加强党的执政能力建设必须建设高素质的党员队伍和进一步扩大党内民主。这是因为( )。

①党坚持以人为本，执政为民

②党的先进性是通过党员先锋模范作用体现出来的

③这抓住了党执政兴国的第一要务

④这是增强党的创新活力，带动人民民主的重要举措

A.①②　　B.②④　　C.③④　　D.①③

6.毛泽东指出："我们共产党人好比种子，人民好比土地，我们到了一个地方，就要同那里的人民结合起来，在人民中间生根、开花。"这段话强调中国共产党要( )。

A.善于运用统一战线

B.紧紧依靠人民群众

C.发挥人民首创精神

D.自觉接受人民监督

7.阳光是最好的防腐剂，政府的权力运行过程公开透明就会大大地降低腐败发生的概率。这是因为，只有权力运行过程公开透明才能( )。

①真正做到权为民所用

②确保国家政治生活制度化、规范化

③切实维护群众的所有利益

④有效防止政府权力的滥用

A.①②　　B.②③　　C.①④　　D.③④

8.办好中国的事情关键在党，这主要是因为

(　　)。

A.中国共产党能为社会主义现代建设创造良好的社会环境

B.中国共产党是中国特色社会主义事业的领导核心

C.中国共产党是国家大政方针的制定者和执行者

D.中国共产党是国家最高权力机构

9.在我国,对社会主义现代化建设的重大问题,党中央提出方针政策,全国人大审议,加以修改完善,最后作出决定,这表明(　　)。

A.中国共产党和全国人大都是国家权力机关

B.中国共产党提出的方针政策是通过全国人大变成国家意志

C.中共中央是我的权力机关,全国人大是其执行机关

D.中国共产党对国家实行组织领导

10.我国宪法第一条第一款规定:"中华人民共和国是工人阶级领导的、以工农联盟为基础的人民民主专政的社会主义国家。"宪法这一规定确认了我国的(　　)。

A.国家性质　　　　B.权力机关

C.行政机关　　　　D.根本原则

11.我国宪法规定:"中华人民共和国的一切权力属于(　　)。

A.人民　B.公民　C.工人　D.农民

12.宪法规定的社会主义经济制度奠定了国家权力属于人民的经济基础。我国经济制度的基础是(　　)。

A.社会主义制度

B.生产资料的社会主义公有制

C.人民代表大会制度

D.公有制为主体、多种所有制经济共同发展

13.我国宪法第二条中明确规定:"人民行使国家权力的机关是全国人民代表大会和地方

各级人民代表大会。人民依照法律规定,通过各种途径和形式,管理国家事务,管理经济和文化事业,管理社会事务。"宪法的这一规定表明(　　)。

①人民代表大会是人民行使国家权力的机关

②将一切权力属于人民的原则贯彻于国家生活的各个领域和方面

③人民代表大会制度保证人民当家作主

④人民代表大会是人民参加管理社会事务的唯一合法途径

A.②③④　　　　　　B.①③④

C.①②④　　　　　　D.①②③

14.1954年召开的第一届全国人民代表大会有代表1226名,2003年召开的第十届人民代表大会有来自不同行业、不同地区、不同民族的2985名代表,代表人民行使国家权力。这说明(　　)。

A.我国的人民民主具有广泛性

B.保障人权是人民民主专政的根本任务

C.我国的人民民主具有真实性

D.社会主义政治文明已经成熟和完善

15.第十届全国人民代表大会第二次会议把"尊重和保障人权"作为一个重大原则写入宪法,是向全世界宣布,中国是一个尊重和保障人权的国家,这个保障是国家根本法给予的保障,是最高形式和效力的保障。这体现了(　　)。

A.我国的人民民主具有广泛性

B.我国的人民民主具有法律性

C.我国的人民民主具有真实性

D.我国的人民民主具有代表性

16.我国人民民主专政的本质是(　　)。

A.民主和专政的统一

B.人民当家作主

C.对极少数敌对分子的专政

D.新型的民主和新型的专政

17.我国之所以要坚持人民民主专政,是因为( )。

①它是四项基本原则之一,已被写入我国宪法

②它是我国社会主义现代化建设的政治保证

③它是我国的强国之路

④它具有广泛性和真实性

A.①② B.①③ C.②③ D.③④

18.我国是人民当家作主的社会主义国家,我国的根本政治制度是( )。

A.社会主义经济制度

B.人民代表大会制度

C.社会主义制度

D.政党制度

19.我国各级人大代表为及时了解民情民意,提出更好的方案,积极开展"选民接待日"等活动。这反映了( )。

A.人大代表来自人民,服务于人民,地位也略高于人民

B.人大代表在讨论重大问题时,遵循多数服从少数原则,民主决定

C.人民只能通过人大代表来行使当家作主的权利

D.联系人民、服务人民是人大代表的职责所在

20.人大代表要与人民群众保持密切联系,下列方法可以联系到身边的人大代表的是( )。

①代表接访电话

②微博

③人大代表联络处

④人大代表之家

⑤人大代表述职

A.①②③ B.②④

C.①②③④ D.①②③④⑤

二、判断题

1.《中华人民共和国宪法》规定,中国共产党领导是中国特色社会主义最基本的特征。

( )

2.全面依法治国是我们国家的兴国之魂。

( )

3.全面推进依法治国,总目标是建设中国特色社会主义法治体系,建设社会主义法治国家。

( )

4.中国共产党活动的根本原则是中国共产党党章。

( )

5."中华人民共和国是工人阶级领导的、以工农联盟为基础的人民民主专政的社会主义国家。"这是宪法对我国国家性质的规定。

( )

6.国体归根结底是由统治阶级决定的。

( )

7.中华人民共和国的一切权力属于公民。

( )

8.人民直接行使国家权力。 ( )

9.人民民主专政是民主职能与专政职能的统一体。 ( )

10.民主适用于人民,专政适用于敌人。

( )

11.在我国,一切权力属于人民。 ( )

12.在我国,国家行政机关、审判机关、检察机关都由上一级机关任命产生。 ( )

13.在我国,全体公民行使国家的一切权力。

( )

14.在我国,人民行使国家权力的机关是各级人民政府。 ( )

15.国务院是我国最高权力机关,最高人民法院是我国最高立法机关。 ( )

三、材料分析

1.材料一 十届全国人大的代表共2985名,其

中,工人代表551人,知识分子代表631名,解放军代表268名。这三类代表共1450人,占代表总数的48.5%。

材料二 近年来的全国人大会议期间,代表提出的议案数量不断增加,质量不断提高,都是关系国计民生的重大问题和群众普遍关心的问题。这些议案分别交由有关国家机关负责办理。

材料三 每年的全国人大会议都要审议国务院的《政府工作报告》、最高人民法院和最高人民检察院的工作报告以及其他报告和议案。

(1)材料一、二、三分别说明什么政治现象?

(2)根据材料一、二、三,谈谈你对我国人民代表大会和人民代表大会制度的认识。

2.某市人民代表大会会议按预定程序进行大会表决,一项项议案顺利通过。当对市中级人民法院工作报告表决时,参加表决的474名人大代表中,只有218人投了赞成票,没有超过半数。市中级人民法院的工作报告未获大会通过。

结合材料回答下列问题:

(1)该市中级人民法院的工作报告未获大会通过,这表明了什么?

(2)从这件事中,你感受最深的是什么?

第三专题 公民权利和义务
练习题

一、选择题

1.宪法最主要、最核心的价值在于( )。

A.组织国家机构　　B.保障公民基本权利

C.维护社会秩序　　D.控制国家权力

2.现行宪法规定,国家举办各种学校,普及( )。

A.初等义务教育　　B.职业教育

C.普法教育　　　　D.中等义务教育

3.现行宪法规定,我国公民在( )。

A.法律上一律平等

B.立法上一律平等

C.法律面前一律平等

D.适用法律上一律平等

4.根据现行宪法规定,没有附加剥夺政治权利的犯罪分子正在服刑期间( )。

A.没有选举权

B.停止行使选举权

C.准予行使选举权

D.经有关机关批准可以行使选举权

5.下列属于公民的政治权利和自由的是( )。

①选举权和被选举权

②财产继承权

③监督权

④言论、出版、集会、结社、游行、示威的自由

A.①②④　　　　　B.②③④

C.①②③　　　　　D.①③④

6.公民的人格尊严权包括( )。

①名誉权　②肖像权　③姓名权

④选举权　⑤隐私权

A.①②③④　　　　B.①③④⑤

C.②③④⑤　　　　D.①②③⑤

7. 2018年8月28日,两段游客踩踏七彩丹霞岩体的抖音视频在网络上热传。视频之外还有一名录视频的男子,光着脚踢起岩体表面的沙土,并不时说着"我破坏了六千年的(原始地貌)"。公安部门对此作出处理。对于该事件下列认识正确的是( )。

A.自由是无限制的绝对自由

B.滥用自由要受到刑事处罚

C.公民行使权利时要尊重他人的权利

D.公民要在法律允许的范围内行使权利

8.公民在自身合法权利受到侵害时,可以通过诉讼的方式依法维护自身权益。诉讼包括( )。

①民事诉讼　　②刑事诉讼
③行政诉讼　　④人民诉讼

A.②③④　　　　　　B.①②③
C.①③④　　　　　　D.①②④

9.近年来,青岛市采取教师城乡轮岗交流、"强校+弱校"等措施,使全市义务教育均衡发展总体满意度居全国19个重点大城市首位。青岛市采取的这一举措( )。

①缩小了区域、城乡教育差距,促进了教育公平

②从根本上解决了偏远地区教育资源匮乏的问题

③有利于协调社会各方面关系,维护社会稳定

④为学生享有平等接受义务教育的权利提供了机会

A.①②③　　　　　　B.①②④
C.①③④　　　　　　D.②③④

10.任何公民,非经( )批准或者( )决定,并由( )执行,不受逮捕。

A.公安机关　人民检察院　人民法院
B.人民法院　人民检察院　公安机关
C.人民法院　公安机关　人民检察院
D.人民检察院　人民法院　公安机关

11.捡到他人钱包,你会( )。

A.据为己有
B.找到失主,交还钱包
C.交还钱包,索要报酬
D.如果失主没来找,就据为己有

12.下列行为不属于公民自觉履行义务的有( )。

A.遵守宪法法律　　B.依法纳税

C.依法服兵役　　　D.人身自由权利

13.8月19日,亚运会200米自由泳决赛上,孙杨凭借1分45秒43的成绩夺得本届亚运会的个人首金,再一次成为国人的骄傲。不过,在领奖仪式上国旗杆掉落,对此孙杨与组委会官员进行交涉,数次表态"one more time",要求重升国旗,终于中国国歌再一次在会场荡漾。由此可见孙杨( )。

A.履行了维护国家统一的义务
B.实施了正义行为,具有强烈的正义感
C.履行了维护国家尊严和利益的义务
D.热切关注世界和平问题

14.出租车司机李某发现,租车旅游的老外名为看风景,实则偷拍我国的军事设施,他及时向国家安全机关举报,老外被依法抓获。李某的做法表明( )。

A.维护国家秘密是法律规定的每个公民的责任和义务
B.发现危害国家安全和利益的人和事可以视而不见
C.企业的每位职工都有保守商业秘密的责任和义务
D.只有了解国家机密,才能更好地维护国家安全和利益

15.现行宪法规定,依法服兵役和参加民兵组织是我国公民的( )。

A.权利和义务　　B.神圣职责
C.光荣义务　　　D.神圣权利

16.2004年宪法修正案将宪法第十条第三款修改为:"国家为了公共利益的需要,可以依照法律规定对土地实行( )或者( )并给予补偿。"

A.征收　划拨　　　B.征收　征用
C.征用　划拨　　　D.划拨　没收

17.中华人民共和国制定的宪法中,将"公民的基

9

本权利和义务"置于"国家机构"前的是(　　)。

A.1975年宪法　　　　B.1954年宪法

C.1978年宪法　　　　D.1982年宪法

18. 根据我国宪法规定,既是我国公民基本权利,同时也是公民基本义务的是(　　)。

A.劳动权　　　　　　B.休息权

C.选举权　　　　　　D.监督权

19. 下列选项中哪一项可以作为权利和义务的根本区别?(　　)

A.权利可以放弃,义务必须履行

B.权利是与生俱来的,义务则是由法律规定的

C.权利对于一切人都是平等的,义务因人而异

D.权利应当享有,义务可以放弃

20. 根据宪法的规定,关于公民纳税义务,下列哪个选项是不正确的?(　　)

A.国家在确定公民纳税义务时,要保证税制科学合理和税收负担公平

B.要坚持税收法定原则,税收基本制定实行法律保留

C.纳税义务直接涉及公民个人财产权,宪法纳税义务具有防止国家权利侵犯公民财产权的属性

D.履行纳税义务是公民享有其他权利的前提条件

21. 重庆某中学学生张某的小说出版后,收到的稿酬支付单中标有应缴纳税收的金额。这说明未成年人同样要(　　)

A.履行法定义务

B.履行道德义务

C.享有广泛权利

D.享有基本权利

22. 因楼上总是传来噪声,住在楼下的邻居选择了在天花板上安装震动马达"以暴制暴",双方还因此闹上了法庭。这对我们的警示是(　　)。

①权利与义务是相统一的

②要学会理解宽容,与人为善

③诉讼是解决纠纷的唯一方式

④要善于调节消极情绪

A.①②④　　　　　　B.②③④

C.①②③　　　　　　D.①③④

二、判断题

1.我国公民享有广泛的政治权利。　(　　)

2.自由是做法律许可的一切事情的权利。
(　　)

3.在我国,劳动既是公民的基本权利,也是公民的基本义务。　　　　　　　(　　)

4.受教育是宪法规定的公民的一项基本权利,公民可以选择行使或放弃。　(　　)

5.我国宪法规定,中华人民共和国劳动者享有休息的权利。　　　　　　　(　　)

6.矿藏、水流、森林、山岭、草原、荒地等自然资源,都属于集体所有。　　(　　)

7."官员无隐私",因此公务员不享有宪法中规定的隐私权。　　　　　(　　)

8.维护国家的统一和全国各民族的团结,是我国宪法规定的公民的首要义务。(　　)

9.宪法规定公民必须保守国家秘密。(　　)

10.树立国家安全意识,自觉维护祖国的安全、荣誉和利益,是国家安全部门的事。(　　)

11.夫妻双方有实行计划生育的义务。(　　)

12.抚育费的给付期限,一般至子女十八周岁为止。　　　　　　　　　(　　)

13.我国实行义务兵与志愿兵相结合、民兵与预备役相结合的兵役制度。　(　　)

14.公民有遵纪守法和尊重社会公德的义务。
(　　)

15.权利和义务是完全对等的,没有无权利的义务,也没有无义务的权利。(　　)

16.义务必须履行,权利可以放弃。(　　)

17.劳动权、受教育权和言论自由既是权利又是义务。　　　　　　　　　　（　　）

18.爱护公共财产、遵守劳动纪律、遵守公共秩序是遵守宪法和法律的具体表现。（　　）

19.自觉履行法定义务,是公民不可推卸的责任。　　　　　　　　　　　（　　）

20.法无授权不可为,法无禁止即可为。
　　　　　　　　　　　　　　　（　　）

21.宪法规定了公民的基本权利和基本义务。　　　　　　　　　　　　　（　　）

三、材料分析

1.教育部等九部门联合印发了《关于防治中小学生欺凌和暴力的指导意见》。阅读材料,结合该文件回答问题。

材料一 2017年2月,北京西城区某中学学生小霞和小梅,自开学以来,多次受到赵某、李某、霍某、高某等5名同学无故殴打及侮辱,对两名被害人均构成轻微伤,其中一名被害人精神抑郁,目前仍无法正常生活、学习。

材料二 关于校园欺凌,各方有话说。

章老师:校园欺凌事件的发生,与这个年龄段学生的心理特点、性格和家庭状况等因素密切相关。

丁女士:自信而有良好的交往能力,尤其是自律能力强的孩子不容易卷入校园欺凌中……

吴同学:作为一名中学生,在遇到类似校园欺凌的事件时,一定要勇敢地站出来说"不"!

(1)根据材料一,请分析校园欺凌可能会侵害学生的哪些权利?

(2)假如你是受害者,你会怎样维护自己的合法权益?

(3)根据材料二,请从青少年自身角度,就如何预防校园欺凌事件提几条合理化建议。

2."95后"青年李某在服兵役期间,因怕苦怕累、不愿受部队纪律约束,拒不参加正常的训练和操课,以种种理由逃避服兵役。县人武部工作人员及其亲属先后多次前往李某所在部队与其耐心谈话、教育引导,但李某拒绝思想教育,拒绝继续留队服现役,态度极其消极,并以绝食等极端行为相要挟,在部队造成了极其恶劣的影响,直至被部队按思想退兵作出处理。依据相关法律规定,李某被开除团籍并罚款11万元,今后不得被录用为国家公务员或者参照公务员法管理的工作人员,全县所有政府机关、社会团体、企事业单位和学校不得对其进行招聘和录用,两年内公安机关不得为其办理出国(境)手续,三年内工商行政管理部门不得为其办理工商营业执照等。

请思考:

(1)李某拒服兵役为什么会受到一系列处罚?

(2)该案例对我们有什么警示?

第四专题 国家机构练习题

一、选择题

1.地方各级人民代表大会每届任期(　　)年。

A.三　　　B.四　　　C.五　　　D.六

2.在不与宪法、法律、行政法规相抵触的前提下,可以制定地方性法规的是(　　)。

A.安徽省人民政府

B.安徽省肥西县人民代表大会

C.天津市人民代表大会常务委员会

D.上海张江高新技术产业开发区管理委员会

3.我国宪法规定人民行使国家权力的机关是(　　)。

A.全国人民代表大会

B.中国人民政治协商会议

C.各级人民政府

D.全国人民代表大会和地方各级人民代表大会

4.人民代表大会制度的实质是( )。

A.国家的一切权力属于人民

B.工人阶级领导

C.国内各民族一律平等

D.少数服从多数

5.全国人民代表大会举行会议的时候,联名提出质询案的全国人大代表不得少于( )。

A.3人以上　　　　B.5人以上

C.10人以上　　　 D.30人以上

6.中华人民共和国主席、副主席都缺位的时候,由全国人民代表大会补选;在补选以前,由( )暂时代理主席职位。

A.全国人民代表大会常务委员会委员长

B.中央军事委员会主席

C.国务院总理

D.中共中央总书记

7.根据宪法和法律规定,关于人民代表大会制度,下列哪一选项是不正确的?( )

A.人民代表大会制度体现了一切权力属于人民的原则

B.地方各级人民代表大会是地方各级国家权力机关

C.全国人民代表大会是最高国家权力机关

D.地方各级国家权力机关对最高国家权力机关负责,并接受其监督

8.我国宪法规定,( )是我国的根本制度。

A.人民民主专政

B.生产资料公有制

C.社会主义制度

D.人民代表大会制度

9.我国宪法规定人民行使国家权力的机关是( )。

A.全国人民代表大会

B.中国人民政治协商会议

C.各级人民政府

D.全国人民代表大会和地方各级人民代表大会

10.我国宪法规定,民族自治地方的自治机关是( )的人民代表大会和人民政府。

A.自治区、自治县

B.自治区、自治州、自治县

C.自治区、自治州、民族乡

D.自治州、自治县

11.根据宪法的规定,( )是地方各级国家行政机关。

A.地方各级人大

B.地方各级党委

C.地方各级人民政府

D.地方各级人民法院

12.国民经济和社会发展计划、预算经人民代表大会批准后,县级以上地方各级人民政府在执行过程中需要作部分调整的,应当将调整方案提请( )审查和批准。

A.本级人民代表大会

B.国务院

C.上一级政府

D.本级人民代表大会常务委员会

13.任何公民,非经( )批准或者决定或者( )决定,并由( )执行,不受逮捕。

A.人民检察院,人民法院,公安机关

B.人民法院,人民检察院,公安机关

C.人民法院,公安机关,人民检察院

D.公安机关,人民检察院,人民法院

14.最高人民法院( )地方各级人民法院和专门人民法院的审判工作,最高人民检察院( )地方各级人民检察院和专门人民检察院的工作。

A.监督,领导　　　 B.领导,领导

C.领导,监督　　　D.监督,监督

15.从组织与活动的原则角度看,我国人民代表大会制度实行(　　)原则。

A.少数服从多数　　B.民主集中制

C.首长负责制　　　D.政治协商

16.人民代表大会制度的关键职责是(　　)。

A.少数服从多数

B.选民民主选举代表

C.以人民代表大会为基础建立全部国家机构

D.对人民负责,受人民监督

17."中华人民共和国实行依法治国,建设社会主义法治国家"是(　　)年通过的宪法修正案规定的。

A.1988　　B.1993　　C.1999　　D.2004

二、判断题

1.民族自治地方的自治机关是自治区、自治州、自治县的人民代表大会和人民政府。

(　　)

2.县级以上的地方各级人民代表大会常务委员会的组成人员也可以担任国家行政机关、监察机关、审判机关和检察机关的职务。

(　　)

3.中华人民共和国副主席每届任期同全国人民代表大会每届任期相同。(　　)

4.全国人民代表大会常务委员会有权批准省、自治区和直辖市的建置。(　　)

5.我国实行的人民代表大会制,就是根据民主集中制原则,在总结革命政权建设经验的基础上,组织各级人民代表大会,并以人民代表大会为基础,建立国家机构,实现人民当家作主的一种根本政治制度。(　　)

6.民族自治地方的自治机关是自治区、自治州、自治县的人民代表大会和人民政府。

(　　)

7.国务院即中央人民政府,是我国的最高国家权力机关。(　　)

8.监察委员会依照法律规定独立行使监察权,不受行政机关、社会团体和个人的干涉。

(　　)

9.地方各级人民法院依照法律规定独立行使审判权。(　　)

10.中华人民共和国中央军事委员会每届任期与全国人大相同,可连选连任。(　　)

11.我国实行的人民代表大会制度,就是根据民主集中制原则,在总结革命政权建设经验的基础上,组织各级人民代表大会,并以人民代表大会为基础,建立国家机构,实现人民当家作主的一种根本政治制度。(　　)

12.坚持党的领导、人民当家作主和依法治国的统一是社会主义法治理念的本质属性。

(　　)

13.依法治国与以德治国相结合是符合我国基本国情要求的,是建设中国特色社会主义法治国家的必然选择。(　　)

14.中国共产党与人民代表大会是上下级关系。(　　)

15.人民代表大会具有监督权,可以监督宪法和法律的实施,是我国的法律监督机关。

(　　)

三、材料分析

材料一　我国宪法规定:"中华人民共和国的一切权力属于人民。人民行使权力的机关是全国人民代表大会和地方各级人民代表大会。"人民选举自己的代表组成各级人民代表大会。

材料二　一位人大代表说:"当代表不是到北京来吃饭的,也不仅是举手鼓掌的,而是来为基层群众办事的。"

思考:

(1)上述材料体现了我国的什么制度?

13

(2)这一制度的内容是什么?

(3)请你谈谈人大代表和人民的关系。

第五专题　国家标志练习题

一、选择题

1.中华人民共和国国歌是什么?(　　)

A.《国歌》

B.《大刀向鬼子头上砍去》

C.《义勇军进行曲》

D.《起来,不愿做奴隶的人们》

2.中华人民共和国国徽图案不包含以下哪些元素? (　　)

A.五星、天安门　　　B.镰刀、锤子

C.谷穗　　　　　　　D.齿轮

3.举行升国旗仪式时,在国旗升起的过程中,参加者应当面向国旗(　　)。

A.行注目礼　　　　　B.立正站好

C.行军礼　　　　　　D.肃立致敬

4.根据《中华人民共和国国旗法》规定,全日制中学小学,除假期外,(　　)举行一次升旗仪式。

A.每天　　　　　　　B.每周

C.每月　　　　　　　D.每学期

5.将中华人民共和国国歌《义勇军进行曲》写入宪法是(　　)。

A.1988年宪法修正案

B.1993年宪法修正案

C.1999年宪法修正案

D.2004年宪法修正案

二、判断题

1.我国政治协商会议的机关或者会场应当悬挂国徽。　　　　　　　　(　　)

2.中华人民共和国国徽的设计元素中包括镰刀与斧头。　　　　　　　(　　)

3.不得升挂破损、污损、褪色或者不合规格的国旗。　　　　　　　　　　(　　)

4.奏唱国歌时,在场人员应当肃立,右手放在左胸前,举止庄重,不得有不尊重国歌的行为。　　　　　　　　　　　　　　(　　)

5.国歌被纳入中小学教育。中小学应当将国歌作为爱国主义教育的重要内容,组织学生学唱国歌,教育学生了解国歌的历史和精神内涵、遵守国歌奏唱礼仪。　　　(　　)

三、材料分析

材料一 "起来,不愿做奴隶的人们!把我们的血肉筑成我们新的长城!中华民族到了最危险的时候,每个人被迫着发出最后的吼声!……"

材料二 国旗法第五条规定下列场所或者机构所在地,应当每日升挂国旗:

(一)北京天安门广场、新华门;……

国旗法第八条规定举行重大庆祝、纪念活动,大型文化、体育活动,大型展览会,可以升挂国旗。

国旗法第十三条规定升挂国旗时,可以举行升旗仪式。举行升旗仪式时,在国旗升起的过程中,参加者应当面向国旗肃立致敬,并可以奏国歌或者唱国歌。全日制中学小学,除假期外,每周举行一次升旗仪式。

思考:

(1)材料一这首歌是什么时候被定为国歌的?

(2)结合材料二和自己的亲身经历,你能不能说出在哪些场所或活动会举行升国旗仪式?

(3)你们学校什么时候举行升国旗仪式?你如何看待升国旗仪式?

第三部分 拓展练习参考答案

第一专题 参考答案

一、选择题
1—5:DCDCC 6—10:BBBDB

11—15:AADAB

二、判断题
1.√ 2.× 3.√ 4.√ 5.√ 6.√ 7.× 8.√ 9.× 10.√

11.√ 12.√

三、材料分析
(1)①宪法是国家的根本法,是治国安邦的总章程,是党和人民意志的集中体现。②宪法在我国法律体系中处于首要地位,具有最高的法律效力。③宪法是一切组织和个人的根本活动准则。

(2)①有利于完善宪法宣誓制度,弘扬宪法精神,维护宪法权威。②有利于营造全民维护宪法的氛围,推进依法治国的进程。

(3)①监察委员会作为国家的监察机关,与国家行政机关、审判机关、检察机关一样都由人民代表大会产生,对它负责,受它监督。②全国人民代表大会和政府、监察委员会、法院、检察院分工不同,职责不同,但它们的根本目标都是代表人民利益和意志,为人民服务。

(4)这一说法是正确的。因为宪法是国家的根本法。宪法规定国家生活中最根本、最重要的方面;宪法是其他法律产生的依据,具有最高法律效力;在制定和修改程序上,宪法也比其他法律更为严格。而且,宪法是一切国家机关、社会团体的最高行为准则。

第二专题 参考答案

一、选择题:
1—5:ACCCB 6—10:BCBBA

11—15:ABDAC 16—20:BABDD

二、判断题
1.× 2.× 3.√ 4.× 5.√ 6.× 7.× 8.×

9.√ 10.√ 11.√ 12.× 13.× 14.× 15.×

三、材料分析
1.(1)材料一说明,人大代表是国家权力机关的组成人员,人大代表来自人民。材料二说明,人大代表代表人民的意志和利益,行使提案权,代表的素质需要不断提高。材料三说明,全国人大是最高国家权力机关,在我国国家机构中居于最高地位,其他国家机关对它负责,受它监督。

(2)第一,人民代表大会是人民行使国家权力的机关:我国的一切权力属于人民,人大代表是国家权力的直接行使者。全国人民代表大会是最高国家权力机关,享有立法权、决定权、任免权、监督权。第二,人民代表大会制度是我国的根本政治制度。它表现在:在人民代表大会与人民的关系上,人民代表大会的代表由民主选举产生,对人民负责,受人民监督;在人民代表大会与人民的关系上,只有人民代表大会才是国家权力机关,国家行政机关、司法机关都由人民代表大会产生,对它负责,受它监督。

2.(1)①人大代表是通过人民群众民主选举产生的,代表人民群众依法行使宪法和法律赋予的职责。人大代表不满意就是人民不满意,人大代表不赞成就是人民不赞成。②体现了人大代表的民主意识增强。③体现了人大代表履行宪法和法律赋予职责的意识增强。④人民通过人民代表大会行使监督权。

(2)人民代表大会是国家的权力机关,人大代表代表人民行使国家权力,人民是国家的主人,一切权力属于人民。

15

一、选择题

1—5:BACCD 6—10:DDBCD

11—15:BDCAC 16—20:BDAAD

21—22:AA

二、判断题

1.√ 2.√ 3.√ 4.× 5.√ 6.× 7.× 8.√ 9.√ 10.×

11.√ 12.√ 13.√ 14.√ 15.× 16.√ 17.× 18.√

19.√ 20.√ 21.√

三、材料分析

1.(1)校园欺凌可能会侵害学生的人格尊严权和生命健康权等。

(2)向家长、老师求助;向教育局等相关部门反映;向公安机关报案;向人民法院提起诉讼。

(3)①青少年要不断提高心理健康和道德水平,尊重他人,平等待人;要学会换位思考,与人为善;要践行社会主义核心价值观。②青少年要尊法学法守法用法,依法自律;依法维护自身的合法权益,勇于并善于同违法犯罪行为作斗争。

2.(1)①公民的权利与义务是相统一的。我们每个人既是合法权利的享有者,又是法定义务的承担者。②我们不仅要增强权利意识,依法行使权利,而且要增强义务观念,自觉履行法定的义务。③依法服兵役是我国公民的基本义务。④违反法定义务,必须承担相应的法律责任。

(2)我们要自觉履行法定义务:法律要求做的必须去做;法律禁止做的坚决不做。

第四专题 参考答案

一、选择题

1—5:CCDAD 6—10:ADCDB

11—15:CDAAB 16—17:DC

二、判断题

1.√ 2.× 3.√ 4.× 5.√ 6.√ 7.× 8.√ 9.√

10.√ 11.√ 12.√ 13.√ 14.× 15.×

三、材料分析

(1)体现了我国的根本政治制度即人民代表大会制度。

(2)国家的一切权力属于人民;人民通过民主选举选出代表,组成各级人民代表大会作为国家权力机关;由人民代表大会产生国家行政机关、监察机关、审判机关、检察机关,这些国家机关依法使各自的职权,并对人民代表大会负责,受人民代表大会监督;实行民主集中制,重大问题经人民代表大会充分讨论,遵循少数服从多数原则,民主决定。

(3)人大代表必须与人民群众保持密切联系,听取和反映人民群众的意见和要求,努力为人民服务,对人民负责,并接受人民监督。

第五专题 参考答案

一、选择题

1—5:CBDBD

二、判断题

1.× 2.× 3.√ 4.× 5.√

三、材料分析

(1)1949年。

(2)北京天安门广场、新华门;举行重大庆祝、纪念活动,大型文化、体育活动,大型展览会,可以升挂国旗。

(3)我们学校每周一举行升国旗仪式。升国旗仪式,是进行爱国主义教育和集体主义教育的重要方式。